清华电脑学堂

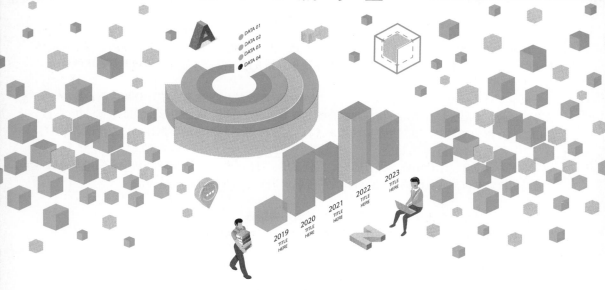

U0309560

SPSS

统计分析标准教程

李同　张丽娜◎编著

清华大学出版社

北京

内 容 简 介

本书以SPSS 28.0中文版为平台，以实用为原则，由浅入深，全面系统地介绍SPSS的基本功能和实际应用方法。本书涉及面广，从SPSS基本操作开始介绍，覆盖大部分常用功能和高级统计分析方法。

本书共11章，内容包括SPSS基础知识、建立与整理数据、SPSS基本统计分析、假设检验、非参数检验、方差分析、相关分析、回归分析、聚类和判别分析、统计图形和SPSS数据分析综合应用。在介绍的过程中，图文并茂地对知识进行了全面剖析。针对性的案例详解，方便读者举一反三。

本书内容丰富、结构清晰、语言通俗、案例实用、可操作性强，适合SPSS初学者使用，也适合有一定统计基础的人员阅读，还适合作为高等院校相关专业的教材。

图书在版编目（CIP）数据

SPSS统计分析标准教程：实战微课版 / 李同，张丽娜编著. —北京：清华大学出版社，2023.5
（清华电脑学堂）

ISBN 978-7-302-63005-0

Ⅰ.①S… Ⅱ.①李… ②张… Ⅲ.①统计分析－软件包－教材 Ⅳ.①C819

中国国家版本馆CIP数据核字（2023）第040068号

责任编辑：袁金敏
封面设计：杨玉兰
责任校对：胡伟民
责任印制：沈　露

出版发行：清华大学出版社
　　　网　　　址：http://www.tup.com.cn，http://www.wqbook.com
　　　地　　　址：北京清华大学学研大厦A座　　　　　　邮　　编：100084
　　　社　总　机：010-83470000　　　　　　　　　　　邮　　购：010-62786544
　　　投稿与读者服务：010-62776969，c-service@tup.tsinghua.edu.cn
　　　质　量　反　馈：010-62772015，zhiliang@tup.tsinghua.edu.cn
　　　课　件　下　载：http://www.tup.com.cn，010-83470236
印　装　者：小森印刷霸州有限公司
经　　销：全国新华书店
开　　本：170mm×240mm　　　印　张：15.25　　　字　数：355千字
版　　次：2023年5月第1版　　　　　　　　　　印　次：2023年5月第1次印刷
定　　价：59.80元

产品编号：097628-01

前 言

迄今为止，SPSS已有40余年的成长历史，全球约有28万家产品用户。2009年，SPSS公司被IBM公司收购之后，其各子产品统一标注IBM SPSS Statistics字样（后文简称SPSS）。

SPSS是一款在通信、金融、制造、医药、教育、科研、市场调研、连锁零售、电子商务等行业中应用广泛的统计分析工具，也是公认的标准统计分析软件之一。SPSS软件可以提供全面高级的统计分析，方便易用，操作简单，可缩小数据科学与数据理解之间的差距；在具体应用方面，SPSS提供高级统计分析、大量机器学习算法、文本分析等功能，具备开源可扩展性，可与大数据集成，并能够无缝部署到应用程序中。

▎本书特色

（1）结构合理，分析全面

本书将统计分析方法、SPSS操作和结果分析有机结合，理论和实践兼顾。用通俗易懂的语言解释各种常用数据分析命令，并对分析结果进行详细解析，让基础薄弱的读者也能快速领悟统计学方法和模型的适用范围。

（2）案例丰富，操作详细

本书理论与实践相结合，涉及自然科学和社会科学的各个领域，汇集教育科研、市场调查、连锁零售、金融、电子商务等多种行业应用案例，详细讲述统计分析的研究思路与操作流程，解读SPSS统计分析结果，引领读者动手实践。

（3）详略得当，聚焦重点

对于数据分析类书籍，要想将所有功能、命令以及运作原理全部解释清楚是一件非常困难的事，而且编者认为，这种全面学习、深入了解的学习模式并不适合所有人。过多地学习和掌握统计学的公式推导，无疑会将非统计专业人士的精力消耗殆尽，面对后续分析的学习，难免会丧失继续学习的勇气。所以对于初学者，用通俗易懂的语言对其传授统计分析的思想，然后以实际案例进行分析与解读，反而会得到更好的效果。本书的写作就遵从这一原则，对于使用率非常低的命令菜单只做简单介绍，而将主要精力集中在常用命令的操作和解释方面，详略得当，更利于数据分析技巧的掌握和应用。

▌内容概览

全书共11章，其内容介绍如下：

章	内 容 导 读
第1～3章	讲解SPSS基础知识、数据的建立与整理，以及SPSS基本统计分析，包括SPSS的基础操作、数据分析流程、数据的录入与编辑、数据的整理、统计报告的类型、各种常用分析方法的基本应用等
第4、5章	讲解假设检验和非参数检验，包括各种常用假设检验的原理和案例应用、各种非参数检验的原理和案例应用等
第6～9章	讲解方差分析、相关分析、回归分析、聚类和判别分析，包括上述各类分析的概述及具体分析方法的基本步骤和案例应用等
第10章	主要讲解统计图形的应用，包括制图功能的介绍、常用图表简介以及统计图的创建和方法等
第11章	主要讲解案例的综合应用，包括SPSS在城市数据调查中的应用、SPSS在教育领域的应用、SPSS在市场营销行业的应用等

▌适用人群

- SPSS初学者、有一定统计基础的人员。
- 数据分析、市场调研、教育科研人员。
- 信息技术、心理学、经济管理等专业的院校师生。

本书由江苏师范大学的李同、张丽娜编写，在编写过程中笔者力求严谨细致，但由于时间与精力有限，疏漏之处在所难免，望广大读者批评指正。

编　者

目录

SPSS基础知识

建立与整理数据

SPSS基本统计分析

假设检验

非参数检验

第6章 方差分析

第7章 相关分析

第8章 回归分析

第9章 聚类和判别分析

第10章

统计图形

第11章

SPSS数据分析综合应用

第 1 章
SPSS基础知识

　　SPSS是采用图形菜单驱动界面的统计软件，采用类似Excel表格的方式输入与管理数据，数据接口较为通用，能方便地从其他数据库中读取数据。该软件凭借操作界面友好、分析程序全面、程序运行便捷、输出结果美观等特点吸引了众多的研究者和使用者。但该软件强大而复杂的功能又给初学者增加了不少学习难度。鉴于此，本书的宗旨是通过丰富而翔实的实例，从问卷的制作与编码、数据的统计与分析，到分析结果的解释与应用，对SPSS进行系统介绍。

⑤ 1.1 初识SPSS

　　SPSS Statistics是世界上最早的统计分析软件，被广泛应用于调查统计、市场研究、医学统计、政府和企业的数据分析等领域，是由美国斯坦福大学的三位研究生于1968年完成的，并于1975年在芝加哥成立了SPSS公司。20世纪80年代以前，SPSS主要应用于企事业单位。1984年，第一个统计分析软件微机版本SPSS/PC+的推出，使其快速应用于自然科学、技术科学、社会科学的各个领域。

　　SPSS 28.0的基本功能包括数据整理、统计分析、图表制作、输出管理等。其应用程序包括描述统计、样本 t 检验、方差分析、非参数检验、相关分析、回归分析、聚类分析和判别分析、因子分析及问卷信度分析等很多类型，每类程序又包含多种分析功能，如回归分析中包括线性回归分析、曲线估计、Logistic回归等几种统计功能，并且每种功能又允许用户选择不同的方法及参数。SPSS中还有专门的绘图系统，可以根据数据绘制各种图形并输出各种格式的文件。

　　SPSS产生之初，其全称为"社会学统计软件包"（Statistical Package for the Social Sciences），以强调其社会科学应用的一面（因为社会科学研究中的许多现象都要使用统计学和概率论来进行研究）。随着该分析软件的发展，其功能也变得越来越强大而全面，其应用范围也从社会科学走向了自然科学，并发挥了巨大的作用，从而成为"数据仓库"和"数据挖掘"领域的前沿软件。随着SPSS产品服务领域的扩大和服务深度的增加，SPSS的全称更名为"统计产品与服务解决方案"（Statistical Product and Service Solutions）。

　　经过多年的发展完善，目前的SPSS 28.0具有以下显著特点。

1. 统计分析功能完善

　　SPSS非常全面地涵盖数据分析的整个流程，提供数据获取、数据管理、数据分析直至结果输出的完整流程，功能非常强大而全面，特别适合设计调查方案、对数据进行统计分析，以及制作研究报告中的相关图表。

2. 数据准备简单快捷

　　数据分析之前，研究者需要根据分析目的及分析技术，对数据进行准备和整理工作。SPSS内含的众多技术使数据准备变得非常简单。一旦建立了数据词典，用户可以使用"拷贝数据属性"工具，快速为分析作数据准备。

　　SPSS可以同时打开多个数据集，方便研究时对不同数据库进行比较分析和进行数据库转换处理。该软件提供强大的数据管理功能，以帮助用户通过SPSS使用其他的应用程序和数据库，支持Excel、文本、Dbase、Access、SAS等格式的数据文件，通过使用ODBC（Open Database Capture）的数据接口，可以直接访问以结构化查询语言（SQL）为数据访问标准的数据库管理系统，通过数据库导出向导功能，可以方便地将数据写入数据库中。

SPSS支持超长变量名称（64位字符），不但方便中文研究需要，也对各种复杂数据仓库具有更好的兼容性，用户可以直接使用数据库或者数据表中的变量名。

3. 分析技术系统全面

除了一般常见的摘要统计和行列计算，还提供广泛的基本统计分析功能，如数据汇总、计数、交叉分析、分类、描述性统计分析、因子分析、回归及聚类分析等。并且软件还加入了针对直销的各种模块，方便市场分析人员针对具体问题的直接应用。SPSS 28.0增加了广义线性模型（GZLMs）和广义估计方程（GEEs），可用于处理类型广泛的统计模型问题。使用多项逻辑回归统计分析功能在分类表中可以获得更多的诊断功能。

4. 结果表达清晰多样

高分辨率、色彩丰富的饼图、条形图、直方图、散点图、三维图形以及更多图表都是SPSS中的标准功能。它还提供一个全新的演示图形系统，能够产生更加专业的图片。SPSS 28.0包括以前版本软件中提供的所有图形，并且提供新功能，使图形订制化生成更容易，产生的图表结果更具可读性。SPSS进一步增强了高度可视化的图形构建器的功能，该演示图形系统可使用户更容易控制创建和编辑图表的时间。同时PDF格式的输出功能，能够让用户更好地同其他使用者进行信息共享。多维枢轴表使结果更生动，在用户可以在一个重叠图中基于不同的数值范围建立两个独立的Y轴。通过对行、列和层进行重新排列，浏览表格，找到在标准报表中可能会丢失的重要结果。拆分表，一次仅显示一组，可以更容易地对各组进行比较。

5. 多国语言即时切换

SPSS软件界面操作语言齐备，用户可自行设置英文或简体中文操作界面，很好地满足了国内用户的要求。其中文版界面清新、友好；全新中文帮助文档使用户更加轻松；简洁、清晰的中文输出使结果一目了然，更易使用。

Ⓢ 1.2　SPSS的基础操作

使用SPSS做数据分析之前还需要先熟悉SPSS的基础操作，包括了解SPSS软件的运行环境、认识软件操作界面、熟悉常用的系统设置等。

▌1.2.1　了解SPSS的运行环境

随着SPSS软件的不断更新，其功能和数据处理能力也在逐渐增强。版本越新对计算机的配置要求也越高。

SPSS 28.0对操作系统的最低要求为：Microsoft Window XP（32位）及以上版本。用户既可以直接将SPSS文件保存为Excel表格，也可以直接打开一个Excel表格。因此，为方便数据录入，应在操作系统环境下安装软件。另外，在SPSS数据处理之前，许多数据可以保存在某个数据库中，比如Oracle、SQL Server、Sybase等，如需从数据库中获取数据分析，还应安装以上某种数据管理系统。

SPSS 28.0对计算机的硬件配置基本要求如下。

- **处理器：** 1GHz或以上的Intel或AMD处理器。
- **运行内存：** 至少1GB RAM。
- **存储内存：** 至少800MB内存。若要安装一种以上的帮助语言，每多一种语言需要增加磁盘空间150～170MB。
- **驱动器：** DVD/CD光驱驱动器，用于安装SPSS软件。如果用户通过网络安装该软件，则无此配置要求。
- **显示模式：** XGA（1024像素×768像素）或更高分辨率的显示器。
- **网络适配器：** 运行TCP/IP网络协议的网络适配器。用于访问SPSS网站，以获取相应技术支持、帮助服务或软件升级。
- **其他设备：** 对有条件的用户，还可增设一些外部辅助设备，比如打印机、扫描仪等以方便使用。

SPSS的安装与其他软件基本相同，从官网下载SPSS安装包，按照安装界面的操作步骤提示进行操作即可。用户也可以登录IBM官方网站，提交试用申请，下载最新的SPSS免费试用版进行安装，但免费试用版有试用期限，试用期限结束后需要购买正版软件方可继续使用。

▮1.2.2　认识SPSS软件的主要操作窗口

启动SPSS 28.0之后会出现多个窗口，每个窗口的作用各不相同。下面对不同窗口的功能作用进行详细介绍。

1. 欢迎使用窗口

新安装的SPSS软件会显示"欢迎使用IBM SPSS Statistics"窗口，在该窗口中可以快速新建数据集、新建数据库查询、快速打开最近使用的文件、打开样本文件等。另外，在窗口右侧还显示当前版本的新增功能，若勾选窗口左下角的"以后不再显示此对话框"复选框，再次启动SPSS时将不再显示该窗口，如图1-1所示。

图 1-1

2. "查看器" 窗口

该窗口分为左右两栏,左侧是"导航"窗口,右侧是"显示"窗口。在"查看器"窗口中可以打印、编辑、修改或存储数据。如图1-2所示。"查看器"的"导航"窗口呈树状结构,其功能类似于Windows系统的注册表,"显示"窗口则显示树状结构项目的内容。根据用户的需要,这些内容可以通过"导出"功能转换为多种格式的文件。

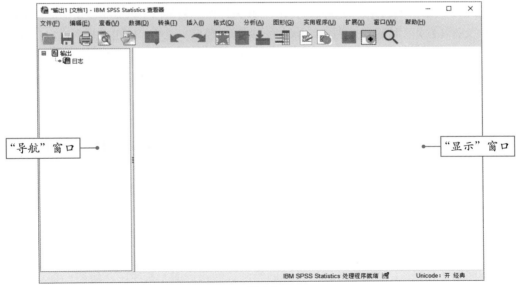

图 1-2

3. "数据编辑器"窗口

在"数据编辑器"窗口，用户可以执行数据录入、编辑以及变量属性的定义、编辑等操作。该窗口是SPSS的基本界面，主要由以下主要部分组成：标题栏、菜单栏、常用工具栏、编辑栏、变量名、记录号、数据显示区域、视图切换栏以及状态栏，如图1-3所示。

图 1-3

各组成部分的主要功能如下。

（1）标题栏

用于显示编辑的数据文件名。

（2）菜单栏

通过不同菜单的选择，可以对SPSS执行相关操作。菜单栏中的各项菜单功能如下。

- **文件（F）**：主要用于开启、建立或保存新的数据、语法、输出或脚本窗口；打开读取数据库文件；设置查看器及打印等功能。

- **编辑（E）**：对数据复制与粘贴、剪切与撤销；查找与替换；插入变量或个案；转至变量或个案；SPSS程序设置选项等。

- **查看（V）**：用于窗口画面的呈现设置及工具栏的订制等。

- **数据（D）**：用于对数据文件的编辑整理与检核，如定义变量属性和日期、标识个案排序与变量、对数据的合并与拆分等。

- **转换（T）**：主要用于对数据的算术处理与编码、准备建模数据、个案等级排序等。

- **分析（A）**：用于数据统计分析，包括报告、描述统计、比较平均值、模型、相关、回归、分类、降维、度量、非参数检验、生存函数、复杂抽样及质量控制等功能。这是SPSS的核心部分。

- **图形（G）**：主要用于各种统计图的绘制，如条形图、折线图、饼图、直方图、三维图、箱图、散点图和回归变量图等。

- **实用程序（U）**：查看变量信息、运行脚本、SPSS环境设置以及扩展束等。
- **窗口（W）**：切换窗口，改变窗口显示方式。
- **扩展（X）**：主要用于打开"扩展中心"查看更多最新版本软件信息、通过扩展束对定制组件进行打包，例如，为某个扩展命令穿件定制对话框，并共享给其他用户等。
- **帮助（H）**：查看主题帮助、教程帮助，个案研究、统计指导、算法、指令语法参考及链接官网等功能。

（3）常用工具栏

包含菜单项中的常用命令。

（4）编辑栏

用于在指定单元格中输入数据或显示数据。

（5）变量名

用于显示数据文件中包含变量的变量名。

（6）记录号

也可以理解为行号，用于记录数据文件中所有观测值。记录的个数就是数据的样本容量，一个个案占一个记录号。

（7）视图切换栏

用于切换数据视图和变量视图。数据编辑器窗口包含两种视图，即数据视图和变量视图。在视图切换栏中单击视图标签即可切换至相应视图，如图1-4所示。变量视图即浏览窗口，用于定义数据的变量名、类型、宽度等格式。

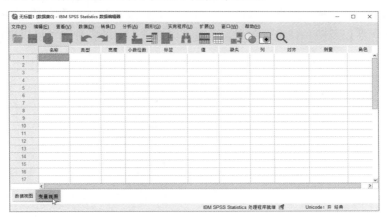

图 1-4

（8）状态栏

用于显示SPSS当前的工作状态。

4. "语法编辑器"窗口

在"语法编辑器"窗口，可以通过语法方式或程序方式对数据进行分析，满足高级数据分析人员的工作需求。"语法编辑器"窗口的打开方式包含以下两种。

方法一：执行"文件"|"新建"|"语法"命令，新建一个语法编辑窗口，如图1-5所示。

方法二：执行"打开"|"语法"命令，打开一个已存在的语法文件（*.sps）。

图 1-5

用户可以在语法窗口中输入SPSS的某种命令或者完整的程序语句，也可以将多个程序编辑成一个程序，以便一次性运行。

1.2.3　SPSS系统设置

在使用SPSS时，为了更灵活便捷地进行各项操作，可以根据个人使用习惯进行系统设置，对系统初始状态及系统默认值进行更改。

执行"编辑"|"选项"命令，打开"选项"对话框，如图1-6所示。该对话框中包括常规、语言、查看器、数据、货币、输出、图表、透视表、文件位置、脚本、多重插补、语法编辑器以及隐私13个选项卡，通过不同选项卡中的各种选项可以进行相应的系统设置。

图 1-6

下面以切换SPSS系统语言为例：

Step 01 在"查看器"窗口的菜单栏内执行"编辑"|"选项"命令，如图1-7所示。

Step 02 打开"选项"对话框，切换到"语言"选项卡，单击"输出"下拉列表框，选择"English-英语"选项，如图1-8所示。

图 1-7

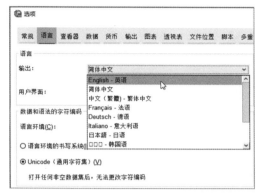

图 1-8

Step 03 单击"用户界面"下拉列表框，选择"English-英语"选项，最后单击"确定"按钮，如图1-9所示。

Step 04 系统的输入语言以及界面语言随即被切换为英语，如图1-10所示。

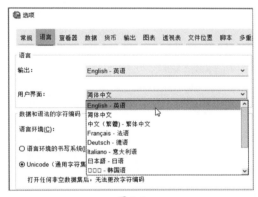

图 1-9

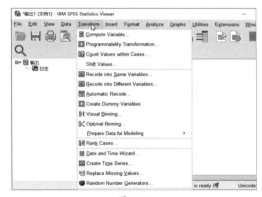

图 1-10

1.3 SPSS的帮助系统

SPSS为用户提供多种不同形式的帮助。通过"帮助"菜单可以访问主题帮助系统、SPSS技术支持和命令语法参考材料等。

1.3.1 "帮助"菜单

SPSS"帮助"菜单提供"主题""SPSS技术支持""SPSS论坛"等多个项目。执行菜单栏中的"帮助"命令，在展开的子菜单中即可查看并执行相应命令，如图1-11所示。

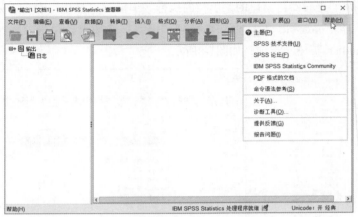

图 1-11

在"帮助"菜单中单击"主题"命令，可打开"获得帮助-IBM文档"页面。通过单击该页面中提供的选项可以获取相应的帮助信息，如图1-12所示。

图 1-12

注意事项 若要获得该页面的帮助信息，计算机必须为联网状态。

1.3.2 上下文相关的帮助

在用户界面中的许多位置可以获得上下文相关的帮助。例如，对话框中包含的"帮助"按钮、透视表菜单帮助、语法窗口中的帮助等。

大多数对话框有"帮助"按钮，单击该按钮可直接进入该对话框的"帮助"主题。"帮助"主题提供一般信息和相关主题的链接。例如，打开"随机数生成器"对话框，单击"帮助"按钮，如图1-13所示，可获得关于"随机数字生成器"的相关帮助，如图1-14所示。

图 1-13

图 1-14

▍1.3.3　在线帮助

除了软件本身提供的帮助之外，还可以通过在线网站得到一些帮助，如通过http://www.ibm.com/support可以找到许多常见问题的解答。在SPSS社区包含适合所有级别的用户和应用程序开发者的资源。如下载实用程序、图形示例、新统计模块和文章。网址为http://www.ibm.com/developerworks/spssdevcentral。

⑤ 1.4　数据分析的基本流程

研究者的研究数据必须经过合适的程序分析，并得到合理的分析结果，才能获得科学的研究结论。因此，掌握SPSS数据分析的基本流程十分有利于对数据进行分析。

▍1.4.1　数据分析的常规流程

数据分析是进行问卷调查和数据整理的必不可少的环节。统计学的数据分析一般包括收集数据、加工和整理数据、分析数据三个主要阶段，一般可分为五个步骤。

1. 确定数据分析目标

确定数据分析目标是数据分析的出发点。确定数据分析目标就是要明确本次数据分析要研究的主要问题和预期的分析目标。只有确定了数据分析的目标，才能正确地制订数据收集方案，即收集哪些数据、采用怎样的方式收集等，为数据收集做好准备。

2. 正确收集数据

正确收集数据是指依据分析目标，排除干扰因素，正确收集服务于既定分析目标的数据。正确的数据对于实现数据分析目的将起到关键性的作用。

排除数据中那些与目标不关联的干扰因素是数据收集中的重要环节。收集的数据是否真正符合数据分析的目标，其中是否包含其他因素的影响，影响程序怎样，应如何剔除这些影响等问题都是数据分析过程中必须注意的重要问题。

3. 数据的加工整理

在明确数据分析目标的基础上收集到的数据，还需要进行必要的加工整理。数据的加工整理通常包括数据缺失值处理、数据的分组、基本描述统计量的计算、基本统计图形的绘制、数据取值的转换、数据的正态化处理等，它能够帮助研究者掌握数据的分布特征，是使数据分析具有有效性的基础。

4. 数据分析处理

数据加工整理完成后一般就可以进行数据分析了。分析时应切忌滥用和误用统计分析方法，这主要是由于对方法能解决哪类问题、方法适用的前提、方法对数据的要求不清等原因造成的。另外，统计软件的不断普及和应用中的不求甚解也会加重这种趋势。因此，在数据分析中应首先确定适合的分析程序，否则，得到的分析结论可能会偏差较大，甚至发生错误。

5. 正确解释分析结果

数据分析的直接结果是统计量和统计参数。正确理解它们的统计含义是一切分析结论的基础，它不仅能帮助使用者有效避免毫无根据地随意引用统计数字的错误，同时也是证实分析结论正确性和可信性的依据，而这一切都取决于研究者能否正确地把握统计分析方法的核心思想。只有将各学科的专业知识与统计量和统计参数相结合，才能得出令人满意的分析结论。

数据统计分析的流程如图1-15所示。

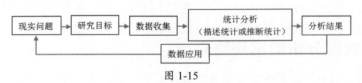

图 1-15

1.4.2　利用SPSS进行数据分析的流程

SPSS为用户提供了从数据录入到数据处理直至结果输出等一系列的流水线式的完备功能。利用该软件进行社会科学领域数据分析处理的一般步骤如下。

1. 收集定量数据并制作科学的 SPSS 数据文件

社会科学领域的数据收集一般通过调查问卷获得，所以这一步的关键是制订科学的问卷，以便获得有效数据。在此要特别注意识别变量的个数和性质。数据收集完毕之后，启动SPSS软件，将定量数据输入SPSS数据编辑器的"数据视图"窗口，并在"变量视图"窗口定义变量属性。最后保存为*.sav文件。另外，定量数据也可以输入Excel

表格并保存为*.xls文件，或一般的文本文件，如*txt或*dat等。因为SPSS的兼容性非常好，可以直接读取很多常用格式的文件及常用数据库文件。

2. 选取程序，分析数据

打开保存的*.sav文件，或*.xls文件，根据数据分析目的在SPSS的菜单栏中选取相应的程序，打开其对话框，并进行相应设定，以获取想要的分析结果。

3. 执行程序，获取分析结果

对程序对话框进行相应的设定之后，单击"确定"按钮，程序自动输出分析结果到"数据查看器"窗口。

4. 解读并输出分析结果

针对问卷调查的目的和具体变量的性质，对"查看器"窗口的分析结果进行科学的统计学解释说明，以获得数据分析结论。结论既可以可另存为所需文件格式，也可直接打印。

案例实战：用SPSS分析大学生网络使用情况

下面使用SPSS对大学生的网络使用情况的调查问卷进行分析，本次分析的目的是要比较大学生上网方式的不同。

Step 01 启动SPSS，在"查看器"窗口中执行"文件"|"打开"|"数据"命令，如图1-16所示。

Step 02 打开"打开数据"对话框，在"查找位置"列表中选择文件位置，选中需要打开的文件，单击"打开"按钮，如图1-17所示。

图 1-16

图 1-17

Step 03 所选文件随即在"数据编辑器"窗口中打开。执行"分析"|"描述统计"|"频率"命令，如图1-18所示。

Step 04 打开"频率"对话框，选择"最常上网方式[方式]"选项，单击➡按钮，如图1-19所示。

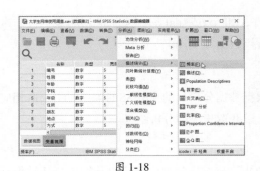

图 1-18

图 1-19

Step 05 将所选项添加到"变量"列表框中，单击"确定"按钮，如图1-20所示。

Step 06 程序自动将分析结果输入"查看器"窗口，如图1-21所示。右击分析结果，在弹出的快捷菜单中可执行复制、保存、导出等操作。

图 1-20

图 1-21

知识点拨

　　根据分析结果统计量表可知，所有项统计数字均有效，"缺失"为0，表示没有任何遗漏。上网方式的频率表表明，大学生上网方式主要为手机，"有效百分比"占全部上网方式的47.5%，通过大学生上网方式的分析可以直观反映如今手机已经成为主流的上网设备。

Step 07 若要保存该统计结果，可以在"常用工具栏"中单击"保存此文档"命令，如图1-22所示。

Step 08 在弹出的"将输出另存为"对话框中选择好文件位置和文件名，单击"保存"按钮，如图1-23所示。

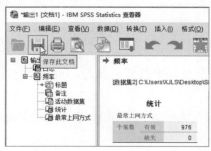

图 1-22

图 1-23

第2章
建立与整理数据

　　数据是所有统计研究的基础，因此数据采集是进行数据统计与分析之前的一项重要工作。建立数据文件是数据统计分析的第一步，数据采集完成后，还要加以整理、编码并录入SPSS数据编辑器，才能对数据进行科学的统计与分析。本章详细介绍如何在SPSS中建立与整理数据。

2.1 数据的创建与编辑

SPSS中的数据来源大致分为两种，一种是直接在SPSS中录入的数据，另一种是从其他类型文件中导入SPSS的数据。接下来详细介绍在SPSS中创建与编辑数据的方法。

2.1.1 定义变量属性

为了满足统计分析的需要，可以为变量定义变量名、变量类型、变量标签、变量值标签等。在变量视图中每个变量可以指定11种变量属性，如图2-1所示。下面介绍常用属性的设置方法。

图 2-1

1.定义变量名称

启动SPSS"数据编辑器"，在"变量视图"窗口中选中名称栏内的单元格，便可以输入或编辑变量名称，如图2-2所示。

图 2-2

知识点拨

由于以前的SPSS版本的汉语兼容性不强，定义变量名通常使用英文字符或单词，但SPSS 28.0的汉语兼容性已非常出色，用户无须担心使用汉语变量名出现乱码的问题，用户完全可以放心地全部使用汉字来定义变量名，这样会使查看者更易于弄清变量名的含义。

定义变量名时需要注意以下规则。

- 每个变量名必须是唯一的，不允许重复。
- 变量名第一个字符必须是字母、汉字或特殊符号@、#、$。后续字符可以是字母、数字、非标点字符，如下画线和句点（.）的任意组合。
- 变量名最多可包含64字节，在双字节语言，如中文中则为32个字符。
- 变量名不能包含空格，且应避免用句点结束变量名，因为句点可能被解释为命令终止符，还要避免使用下画线结束变量名，因为这样的名称可能与命令和过程自动创建的变量名冲突。
- 不能将保留关键字用作变量名。保留关键字包括All、AND、BY、EQ、GE、GT、LE、NE、LT、NOT、OR、TO和WITH。
- 变量名不区分大小写，可以用任意混合的大小写字符来定义变量名，大小写只为显示目的。例如，变量名"编号"，可以用汉字"编号"来命名，也可以用id或ID表示；又如，变量名"项目1"，可以使用"项目a""项目A""项目_1""item_a"或"ITEM_A"等方式加以命名。

注意事项 定义变量名的字母包括书写日常文字所用的任何非标点字符，但这些文字需要属于平台字符集所支持的语言，在汉语中即指汉字。

2. 定义变量类型

变量类型共包含9种，如图2-3所示，可以分为三类，分别是数值型、字符串型以及日期型。

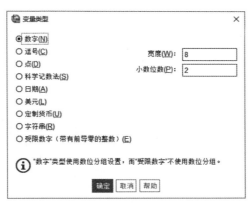

图 2-3

（1）数值型

数值型可以细分为7种，是SPSS中常用的变量类型，包括数字、逗号、点、科学记数法、美元、定制货币以及受限数字，其中最为常用的是"数字"型。

（2）字符串型

字符串型的变量值是一串字符，但字符串变量只能用于相对简单的统计分析，在稍微复杂的统计分析中都会受到限制，因此建议尽量转换成数字。

（3）日期型

SPSS中的日期型变量可以用来表示日期或时间。日期型数据可以显示为多种格式，当在"变量类型"对话框中选择"日期"类型时，对话框右侧会显示各种格式，用户可以从中进行选择，如图2-4所示。

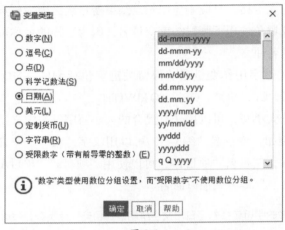

图 2-4

3. 定义变量的"小数位数"

数值型变量的默认小数位数为2，字符型变量的默认小数位数为0。小数位数的设置只是显示方式的改变，并不会对实际数值造成影响。

4. 定义变量"标签"

在"变量视图"窗口的"标签"栏单元格中可以输入变量标签，如图2-5所示。变量标签是变量名的注释或说明，能够让用户更清楚地了解该变量的含义。

图 2-5

知识点拨

变量标签中可以含有空格和变量名中禁用的保留字符。

例如，变量标签"最常上网地点""最常上网方式"和"使用网络年限"分别是变量名"地点""方式"和"年限"的说明或注释，如图2-6所示。

图 2-6

5. 定义变量的"值"

完成变量标签注解后，还需要为每个变量赋值并标注其含义。这一步在数据分析中极为重要，因为只有将所有变量予以赋值才能使问卷最终被量化，以达到通过SPSS进行分析的目的。例如，性别的数值只有1和2，其含义分别表示男生和女生，如图2-7所示。

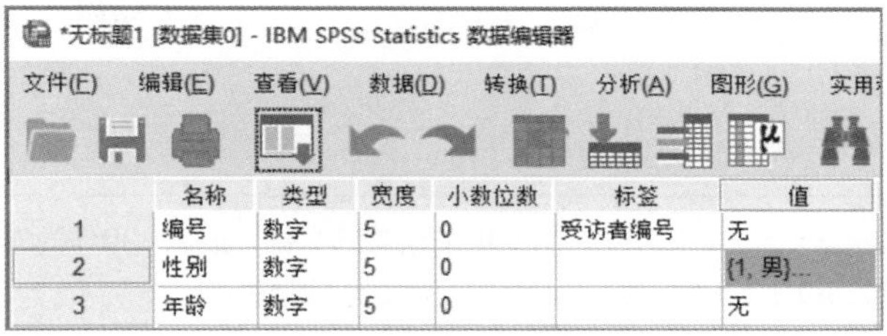

图 2-7

6. 定义变量的"测量类型"

变量的测量类型有三个选项，分别为度量、有序和名义，默认为度量，不影响分析结果。

7. 缺失值的处理

缺失值是指某个样本缺少特定变量的数据信息，例如，在问卷调查过程中，受访者没有给予回答，而是由研究者自行键入数值。缺失值不被纳入各种统计分析中。在SPSS中，缺失值分为系统缺失值和用户缺失值两种类型。

（1）系统缺失值

在变量中某个样本没有提供信息或提供的信息格式不正确，系统会自动将其设置为缺失值。数值型的变量数据，系统缺失值默认显示为"."，字符串型的变量默认显示为空白。

（2）用户缺失值

用户自定义的用于识别某种特定信息的值称为用户缺失值，包含以下三种定义方式。

● **无缺失值**：默认为没有用户缺失值，只有系统缺失值。

- **离散缺失值**：缺失值为1～3个不连续的数值。
- **范围加上一个可选的离散缺失值**：缺失值是一个区域范围，并且可以设置某个离散的缺失值。

以调查问卷为例，在调查问卷中，性别变量有"1=男生"和"2=女生"两项，如果受访者没有作答，则单击"缺失"单元格右侧的按钮，如图2-8所示。打开"缺失值"对话框，选中"离散缺失值"单选按钮，在"离散缺失值"下的方框中输入9，此处最多可以添加3个间断（离散）的缺失值，如图2-9所示。

 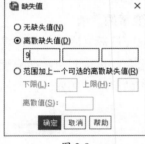

图 2-8   图 2-9

知识点拨

　　一般在缺失值的设定上，常以9作为问卷中未作答的数据，而以999作为学业成绩的未作答数据。若题目选项个数超过9个类别，则以99为该题目变量的缺失值。

假设某个问题有6个选项，分别为"非常不同意、不同意、不太同意、有点同意、同意、非常同意"，分别对应"1、2、3、4、5、6"，如果未作答以0代替，水平值大于7则表示输入错误的数值，因而缺失值范围，最低可以设定为7，最高为999。缺失值的输入方法如图2-10所示。

图 2-10

8. 其他属性的定义

除上述变量属性需要定义之外，"变量视图"窗口还有其他几个变量属性需要定义。如"宽度"用于定义变量名的可用长度，用户可以根据实际需要予以调节。而"列"和

"对齐"分别规定数据视图中每个变量列的宽度及其对齐方式。程序分别默认为8字节和右对齐。用户也可根据需要予以调节。某些对话框支持可用于预先选择分析变量的预定义"角色"。当打开其中一个对话框时，满足角色要求的变量会自动显示在目标列表中。

可用角色包括以下几项。

- **输入：** 该变量将用于输入，如预测变量、自变量。
- **目标：** 该变量将用于输出或目标，如因变量。
- **两者：** 该变量将同时用作输入和输出。
- **无：** 该变量没有角色分配。
- **分区：** 该变量将用于把数据划分为单独的训练、检验和验证样本。
- **拆分：** 用于与SPSS Modeler相互兼容，具有此角色的变量不会在SPSS中用于拆分文件变量。

默认状态下，所有变量被分配为"输入"角色。

动手练 设置"值"标签 ————————————————————————

若学院的类型包括经济学院、管理学院、外语学院、人文学院和其他学院五种类型，下面使用1~5五个数值设置"值"标签。

Step 01 选中要设置值的单元格，此时单元格右侧会显示▦按钮，单击该按钮，如图2-11所示。

Step 02 打开"值标签"对话框，在"值"右侧文本框中输入"1"，在"标签"右侧文本框中输入"经济学院"，单击"添加"按钮，如图2-12所示。

图 2-11

图 2-12

Step 03 列表框中随即出现"1='经济学院'"的数值注解。继续输入，"值"为"2"，"标签"为"管理学院"，再次单击"添加"按钮，如图2-13所示。

Step 04 重复以上步骤，完成对所有学院的数值注解，最后单击"确定"按钮，如图2-14所示。

图 2-13

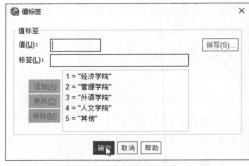

图 2-14

Step 05 值标签设置完成后，在所选择的"值"单元格中会显示缩略内容，如图2-15所示。

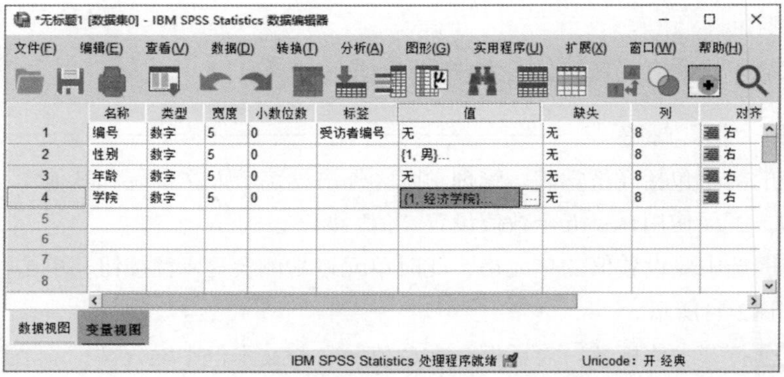

图 2-15

2.1.2 录入数据

数据的编码和变量属性的定义等一切准备工作完毕之后，接下来便可以在"数据编辑器"的"数据视图"窗口中进行数据的输入与编辑。用户可以按个案（行）或变量（列）进行数据输入，如图2-16所示。

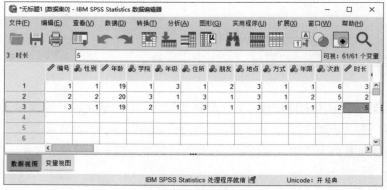

图 2-16

在输入数据前，如果没有在"变量视图"窗口中定义变量的各种属性，那么，选中一个单元格并输入数据后，程序会自动创建一个新变量并赋予其一个变量名，程序默认自动命名变量名为VAR00001、VAR00002…，以此类推，如图2-17所示。

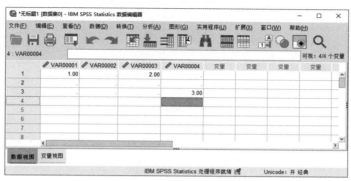

图 2-17

2.1.3 编辑数据

在数据的输入过程中，尤其是数据量大且繁杂时，难免会出现疏漏或错误。这时需要在"数据视图"窗口中进行修改，除了修改个别数据外，有时还要在视图中插入一行或多行（观察值），一列或多列（变量）；或者删除一行或多行（观察值），一列或多列（变量）。

1. 插入行

插入行的常用方法有以下两种。

方法1：单击选中要插入新行处的任意单元格，在菜单栏内执行"编辑"|"插入个案"命令，如图2-18所示。选中的单元格所在的行上方随即被插入一个空白行，如图2-19所示，在该行中输入数据即可。

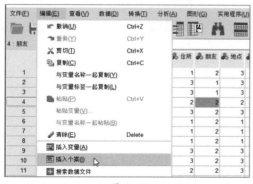

图 2-18

图 2-19

方法2：确定要插入行的位置，在左侧行号处右击，在弹出的快捷菜单中执行"插入个案"命令，也可插入一个空白行，如图2-20所示。

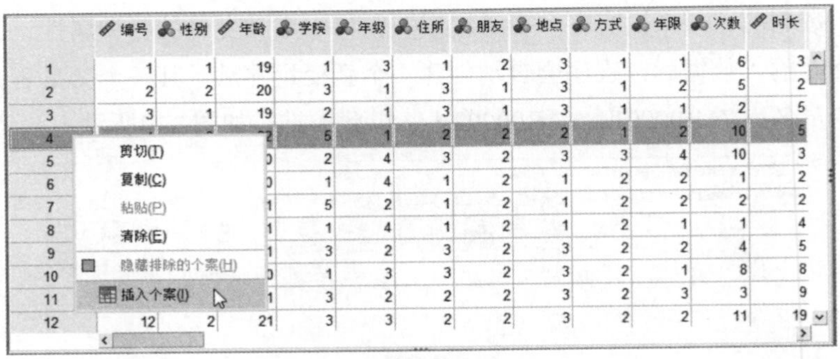

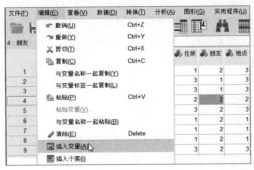

图 2-20

2. 插入列

插入列与插入行的操作方法类似。

（1）使用菜单栏命令插入

单击选中要插入新列处的任意单元格，在菜单栏内执行"编辑"|"插入变量"命令，如图2-21所示。所选单元格所在列的左侧会增加一个新列，程序会自动为该列定义变量名，如图2-22所示。

图 2-21

图 2-22

（2）使用右键菜单命令插入

确定要插入列的位置，在该列变量名处右击，在弹出的快捷菜单中执行"插入变量"命令，该处将新增一列，如图2-23所示。

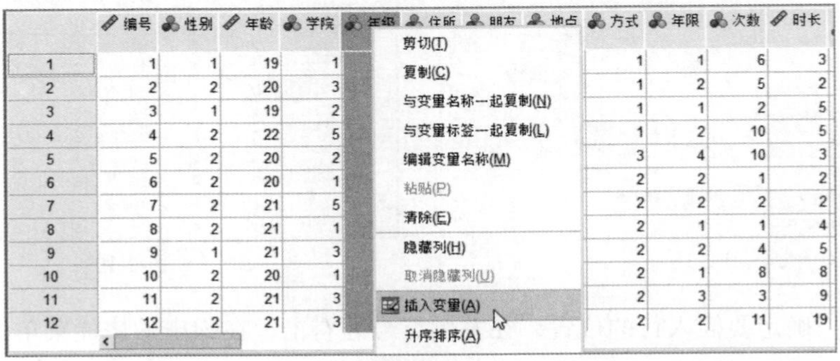

图 2-23

　　想要对程序自动定义的变量名进行修改，切换至"变量视图"窗口的"名称"栏，进行相应修改操作即可。

3. 删除行或列

　　选中需要删除的行或列，右击行号或变量名，在弹出的快捷菜单中执行"清除"命令，即可删除所选行或列，如图2-24所示。

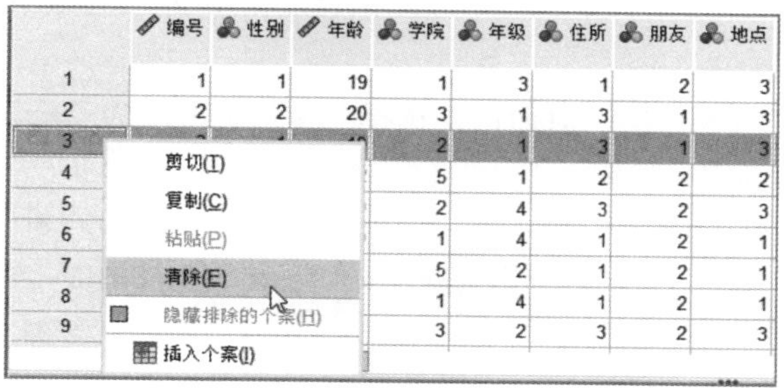

图 2-24

动手练 批量插入多行或多列

　　插入多行和插入多列的方法基本相同，下面以插入多行为例进行介绍。

Step 01 将光标移动到行号上方，按住鼠标左键进行拖动，选中连续的多行，随后右击任意选中的行号，在弹出的快捷菜单中执行"插入个案"命令，如图2-25所示。

Step 02 窗口中随即被插入与所选行数量相同的空白行，如图2-26所示。若是批量插入多列，则先选中多个连续的列，右击任意选中的变量名，在弹出的快捷菜单中执行"插入变量"命令即可。

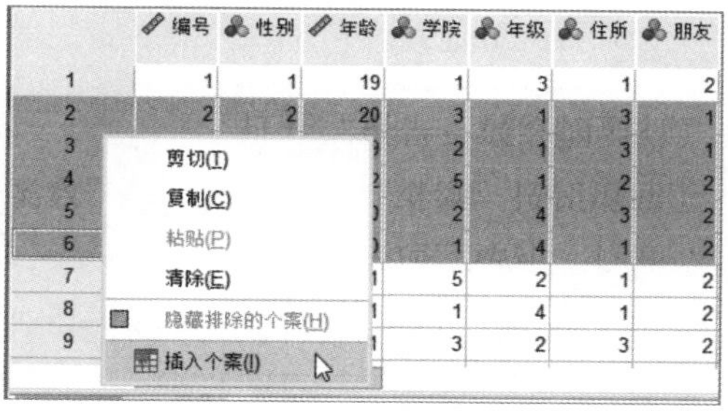

图 2-25 　　　　　　　　　　图 2-26

S 2.2 数据的导入与保存

　　以上内容详细介绍了在SPSS数据编辑器中手动录入数据的方法。若要使用以其他文件格式保存的数据源，可以将数据源导入SPSS。

2.2.1 导入数据

SPSS中支持导入可移植格式、电子表格、CSV、文本、SAS等文件中的数据，下面详细介绍如何向SPSS中导入电子表格、文本文件中的数据。

1. 导入电子表格中的数据

SPSS可以导入后缀名为（*.xls）、（*.xlsx）以及（*.xlsm）的电子表格数据，具体操作方法如下。

Step 01 启动SPSS，在菜单栏中执行"文件"|"打开"|"数据"命令，如图2-27所示。

Step 02 打开"打开数据"对话框，选择"文件类型"为"Excel（*.xls、*.xlsx和*.xlsm）"，如图2-28所示。

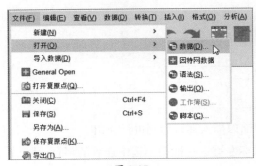

图 2-27

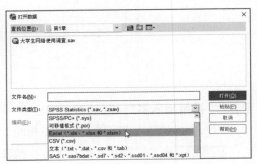

图 2-28

Step 03 在"查找位置"下拉列表中选择要导入的文件所在的文件夹，随后选中要导入的Excel文件，单击"打开"按钮，如图2-29所示。

Step 04 弹出"读取Excel文件"对话框，根据需要在对话框中进行选项设置，最后单击"确定"按钮，如图2-30所示。

图 2-29

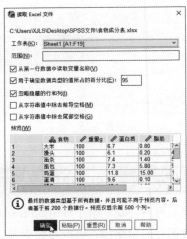

图 2-30

Step 05 所选Excel文件中的数据随即被导入SPSS"数据编辑器"窗口，并自动生成变量名以及各变量的属性，如图2-31和图2-32所示。

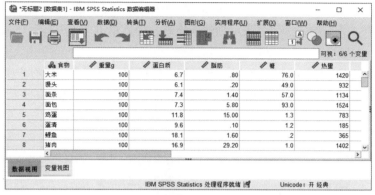

图 2-31

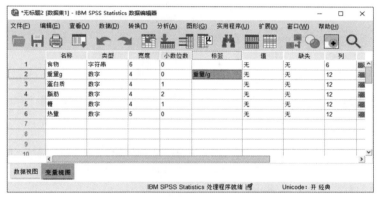

图 2-32

2. 导入文本文件中的数据

执行"文件"|"导入数据"|"文本数据"命令，如图2-33所示。弹出"打开数据"对话框，此时不需要再手动设置文件类型，只要选择好文件位置，选中要导入的文本文件，单击"打开"按钮即可，如图2-34所示。

图 2-33

图 2-34

　　系统随即弹出"文本导入向导"对话框，整个导入操作分为6步，大致操作过程如下。

Step 01 在"文本导入向导"对话框第1步中可以选择是否使用预定义的文件格式，本例选中"否"单选按钮，表示创建新格式，随后单击"下一步"按钮，如图2-35所示。

Step 02 根据对话框中的操作提示选择相应的选项，直至完成所有步骤，在最后一步对话框中单击"完成"按钮，即可导入文本文件中的数据，如图2-36所示。

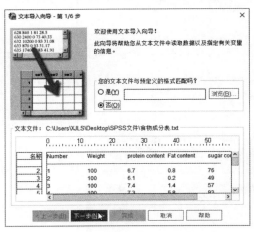

图 2-35

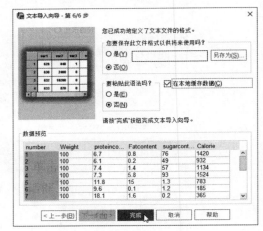

图 2-36

注意事项 导入文本文件中的数据时，SPSS无法识别汉字格式的行列标题，另外，当变量名无效时，"文本导入向导"对话框操作至第5步时将弹出警告对话框，用户可以在"变量名"文本框中对无效变量名进行修改，如图2-37所示。

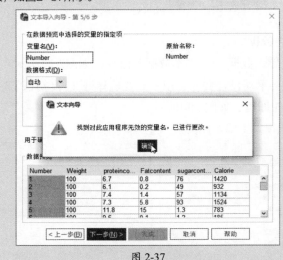

图 2-37

28

▌2.2.2　保存与导出数据

在SPSS中新建数据后应对数据进行保存，以免数据丢失。另外还可将数据导出为指定格式。

1. 保存数据

下面对保存数据的操作方法进行介绍。

Step 01 在常用工具栏中单击"保存此文档"命令，或使用快捷键Ctrl+S，如图2-38所示。

Step 02 弹出"将数据另存为"对话框，输入文件名，选择文件保存路径，单击"保存"按钮，即可保存数据，如图2-39所示。

图 2-38

图 2-39

SPSS文件的默认保存格式是sav格式（数据格式），除此之外，用户也可以将SPSS数据输出为spv格式（数据结果呈现格式）。具体操作方法如下。

Step 01 在"查看器"窗口中的菜单栏中执行"文件"|"另存为"命令，如图2-40所示。

Step 02 弹出"将输出另存为"对话框，设置文件名并选择文件保存路径，单击"保存"按钮即可，如图2-41所示。

图 2-40

图 2-41

2. 导出数据

除了将其他文件中的数据导入SPSS中，反向操作同样可行，下面介绍如何将SPSS数据导出为其他文件格式。

Step 01 在"数据编辑器"窗口中的"文件"菜单中执行"文件"|"导出"命令，在其级联菜单中可以看到支持导出的文件格式，此处选择"Excel"选项，如图2-42所示。

Step 02 弹出"将数据另存为"对话框，在"查找位置"列表框中选择文件保存路径，设置文件名，单击"保存"按钮，如图2-43所示。

图 2-42

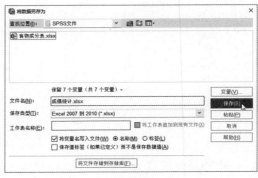

图 2-43

Step 03 当前SPSS数据编辑器中的数据随即被导出为Excel文件，如图2-44所示。

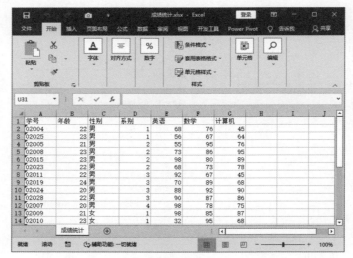

图 2-44

Step 04 导出成功后，"查看器"窗口中会显示数据导出的详情，如图2-45所示。

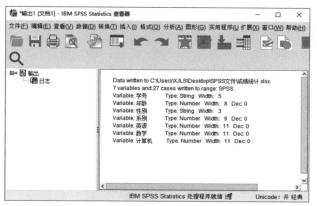

图 2-45

S 2.3 数据的整理

在对数据进行有效的统计分析之前，需要首先对数据加以整理，如将调查问卷中的反向题的分值转换编码，对数据进行各种计算，以及根据研究目的对数据进行个案等级排序、缺失值的替代、数据加权、行列互换、分类汇总、文件的拆分与合并等。

下面以"大学生上网调查报告"数据文件为例，介绍数据整理的各种方法与步骤。

2.3.1 个案等级排序

个案等级排序用于对变量值进行排序，即变量值求秩。在个案等级排序中重复出现的数值称为"结"。个案等级排序的具体步骤如下。

Step 01 打开"大学生上网调查报告"数据文件，执行菜单栏中的"转换"|"个案排秩"命令，如图2-46所示。

Step 02 打开"个案排秩"对话框，从左侧变量列表中选择要排序的一个或多个变量，单击按钮，将其选入"变量"列表框，如图2-47所示。

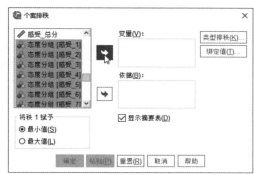

图 2-46　　　　　　　　　　　　　　　图 2-47

Step 03 在左侧列表框中选择分组变量，单击⬇按钮，移入"依据"列表框，可对等级排序进行分组。保持系统默认设置"将秩1赋予最小值"和"显示摘要表"，如图2-48所示。这些设置的含义如下。

- 将秩1赋予最小值：选中"最小值"单选按钮，表示将秩1赋予最小变量值，求百分等级时，一般选中此项。
- 将秩1赋予最大值：选中"最大值"单选按钮，表示将秩1赋予最大变量值，一般成绩排序时选中此项，即最高分的秩指定为1。
- 显示摘要表：选中该项SPSS将输出摘要表。

Step 04 在"个案排秩"对话框中单击"类型排秩"按钮，打开"个案排秩：类型"对话框，勾选"秩"复选框，单击"继续"按钮，如图2-49所示。

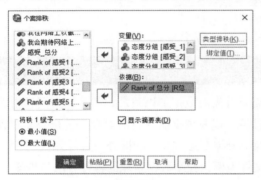
图 2-48

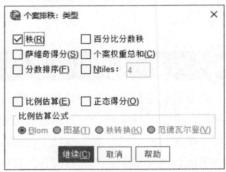
图 2-49

知识点拨

"个案排秩：类型"对话框显示八种不同形式的等级化选项。

- **秩**：根据变量值的高低排序，可将秩1赋予最小值或最大值。
- **百分比分数秩**：将分数等级以%形式表示，即百分等级。
- **萨维奇得分**：将变量值按高低转换为指数等级分数。
- **个案权重总和**：有效个案的权重之和。
- **分数排序**：变量数值转换后的等级数值除以有效个案数所得分数值，由四位小数表示0～1的百分比。
- **Ntiles**：N为大于1的正整数。Ntiles变量值为按N值的百分位分组的序号。
- **比例估计**：根据某种特殊等级化比例估计公式来估计数据的正态化累积百分比。SPSS程序内置Blom、Tukey、Rankit和Vander Waerden四种比例估计公式。
- **正态得分**：将由比例估计公式求得的正态化累积百分比转换来的Z分数。

Step 05 在"个案排秩"对话框中单击"绑定值"按钮，打开"个案排秩：绑定值"对话框，选中"平均值"单选按钮，如图2-50所示。

Step 06 设置完成后，在"个案排秩"对话框中单击"确定"按钮，操作结束。程序生成新的变量及变量值，如图2-51所示。

图 2-50 图 2-51

IBM SPSS Statistics 处理程序就绪 | Unicode: 开 经典 | 权重开启

> **知识点拨**
>
> "个案排秩：绑定值"对话框中的"分配给绑定值的秩"有四个选项，其选项含义如下。
> - **平均值**：结点取排序后相同观察值在总等级分中的平均数，后续等级分按总排序赋值。该项为系统默认选项。
> - **低**：结点取排序后相同观察值在总等级分中的最小值，后续等级分按总排序赋值。
> - **高**：结点取排序后相同观察值在总等级分中的最大值，后续等级分按总排序赋值。
> - **顺序秩到唯一值**：结点取等级分最小值，后续等级分按前一等级分赋值。

2.3.2 重新编码

在统计分析时，经常需要对数据的分值进行转换，才能达到需要的分析目的。各种数据分值的转换功能包含在SPSS的"转换"菜单中。数据分值的转换有"重新编码为相同变量"和"重新编码为不同变量"两种模式。

1. 重新编码为相同变量

在进行问卷量表设计时，为避免受访者的思维定式，设计者往往将正向题和反向题相互穿插。这样在数据分析前，要将反向题的量表得分转换成正向题的得分方式，才能使这些得分的标准统一化。即用户要用正向题的得分标准来替换反向题的得分标准。

"大学生上网调查报告"数据文件的第三部分"网络感受"中的"感受2""感受7"和"感受10"三个题目为反向题，其分值转换步骤如下。

Step 01 在SPSS中打开"大学生上网调查报告"数据文件，在菜单栏中执行"转换"|"重新编码为相同的变量"命令，如图2-52所示。

Step 02 打开"重新编码为相同的变量"对话框，将"感受2""感受7"和"感受10"选至"数字变量"列表框，单击"旧值和新值"按钮进行旧值和新值的转换设置，如图2-53所示。

33

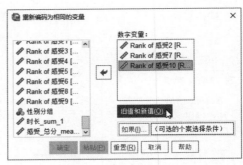

图 2-52 图 2-53

Step 03 在"旧值"选项组中选择需要转换的旧值类型或范围，本例选中"值"单选按钮，并输入要转换的旧值，在"新值"选项组中也选中"值"单选按钮，并在其文本框中输入新值。单击"添加"按钮，完成值的转换，如图2-54所示。

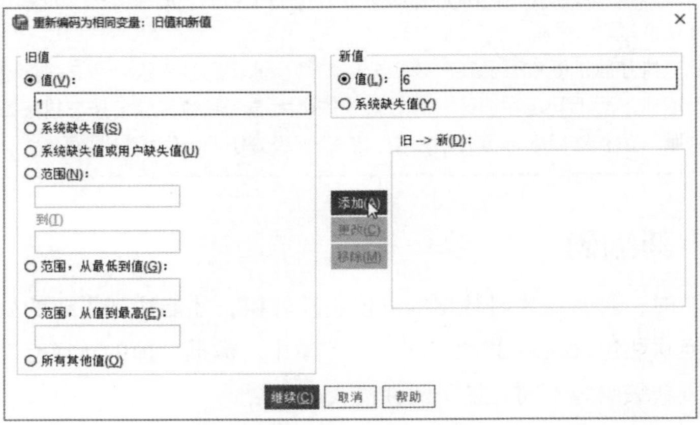

图 2-54

Step 04 重复以上操作，旧值和新值转换设置完成。单击"继续"按钮完成操作，旧值和新值转换成功，如图2-55所示。

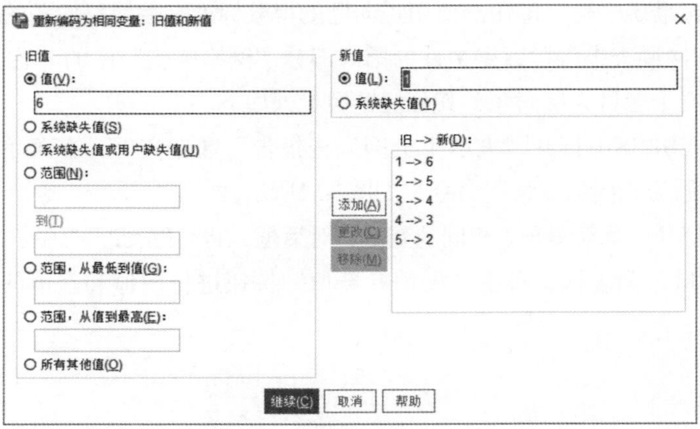

图 2-55

2. 重新编码为不同变量

为了便于分析，有时需要将很多变量予以分组，这样能大大简化所分析的数据。尤其是数据繁多时，分组分析可以得到更加直观的结论。接下来仍然以"网络感受"调查量表为例来演示操作步骤。在该调查报告中，"网络感受"量表分为六个级别，即"非常不同意""不同意""不太同意""有点同意""同意"和"非常同意"，分别用1～6表示。可以将其进一步分为两组态度，即"消极感受"（用1表示）和"积极感受"（用2表示），然后进行比较。其操作步骤如下。

Step 01 执行菜单栏中的"转换"|"重新编码为不同变量"命令，如图2-56所示。

Step 02 打开"重新编码为不同变量"对话框，将"感受1"～"感受10"依次选入"数字变量→输出变量"列表框，如图2-57所示。

图 2-56

图 2-57

Step 03 依次为各输出变量命名新的变量名。例如，选中"数字变量→输出变量"列表框内"感受_1→?"，在"输出变量"栏的"名称"文本框内输入新的变量名"感受_1"，并定义标签为"态度分组"，单击"变化量"按钮，如图2-58所示。

Step 04 "感受_1→?"变成"感受_1→感受_1"，完成"感受1"的输出变量的命名。依此步骤分别为其他输出变量命名，完成后单击"旧值和新值"按钮，如图2-59所示。

图 2-58

图 2-59

Step 05 打开"重新编码为其他变量：旧值和新值"对话框，进行旧值到新值的转换设置。在"旧值"选项组中选中"范围"单选按钮，激活其下面的文本框，两个文本框中分别输入1和3，并在"新值"的"值"文本框中输入1（表示消极），然后单击"添加"按钮，完成一次值的转换，如图2-60所示。

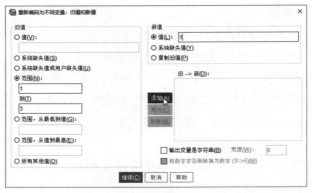

图 2-60

Step 06 重复上述操作，将4～6转换为2（表示积极）。设置完成后单击"继续"按钮，如图2-61所示。返回上一级对话框，然后单击"确定"按钮，完成所有数据的转换操作。

图 2-61

2.3.3　计算变量

SPSS数据的计算是指在原数据的基础上，根据研究目的，按照SPSS算术表达式或函数对所有个案或满足条件的个案进行数据处理，以产生新变量的过程。因此在进行数据计算之前，还需了解常用的SPSS计算表达式。

1. 数据计算表达式

（1）SPSS算术表达式

SPSS算术表达式是由常量、变量、算术运算符、圆括号和函数等组成的式子，用于对个案数据的算数计算。利用SPSS算术表达式进行计算，必须注意以下事项。

● 字符型常量要用''括起来。

● 变量是指位于"计算变量"对话框的现有变量。

● 算术运算符包括+（加）、-（减）、*（乘）、\（除）和**（乘方）等。数据类型为数值，运算顺序为先乘方，后乘除，再加减。

- 同一算术表达式内的常量和变量，数据类型必须一致。

（2）条件表达式

在数据计算中，常常要求对不同分组（类）的个案按照不同的方法进行计算，这就要求通过某种方式来选择个案。该方式就是条件表达式。条件表达分为以下两种。

- 简单条件表达式：由关系运算符、常量、变量和算术表达式组成。关系运算符包括>（大于）、<（小于）、=（等于）、~=（不等于）、>=（大于等于）和 <=（小于等于）。

- 逻辑表达式：由逻辑运算符、圆括号和简单条件表达式组成。逻辑运算符包括&或AND（并且）、\或OR（或者）、~或NOT（非）。运算次序为先NOT，再AND，最后OR。使用时可以通过()来改变这种运算次序。

（3）函数

函数是事先编好，并存储于SPSS软件中的能够实现某种特定计算任务的计算机程序。用户只需要通过书写相应函数名，并给出计算函数，SPSS就可以自动运算。SPSS内置多种函数，如算术函数、统计函数、分布函数、逻辑函数、字符串函数、缺失值函数、日期函数等。

2. 数据计算的操作

在调查报告中，常常需要对采集的数据进行加总或求平均等计算，以对不同分组进行比较分析。例如，通过大学生网络使用调查来了解每个大学生网络使用的整体感受。数据计算的操作步骤如下。

Step 01 执行"转换"|"计算变量"命令，如图2-62所示。

Step 02 打开"计算变量"对话框。在"目标变量"下的文本框中输入目标变量名"总体感受"，在"函数组"列表框中选择"统计"选项，并在"函数和特殊变量"列表框中选择Mean选项，单击➡按钮，所选函数被自动插入"数字表达式"下的文本框中，显示为MEAN(?,?)，如图2-63所示。

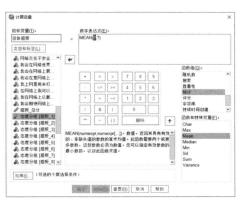

图 2-62　　　　　　　　　　图 2-63

Step 03 选中"类型与标签"栏中的变量"Rank of 感受1"，单击 ↴ 按钮，如图2-64所示。

Step 04 将其选入"数字表达式"下的文本框中，此时MEAN(?,?)中的第一个"?"变成"R感受1"，如图2-65所示。

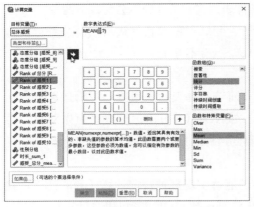
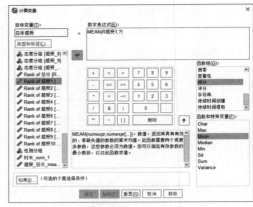

图 2-64　　　　　　　　　　　　　　　　图 2-65

Step 05 接着选择"Rank of 感受2"，再次单击 ↴ 按钮，将"感受2"选入表达式，如图2-66所示。

Step 06 手动添加半角"，"，继续选入"R感受3""R感受4"，以此类推，直到"R感受10"也被选入，删除最后面的"?"，单击"确定"按钮，如图2-67所示。

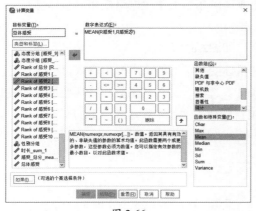

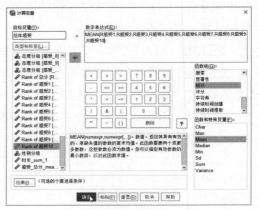

图 2-66　　　　　　　　　　　　　　　　图 2-67

注意事项 双击所选变量也能快速将其选入"数字表达式"下的文本框中，每个变量之间要用半角"，"分开。数字表达式还可以手动输入，如 (感受1 + 感受2 + 感受3 + 感受4 + 感受5 + 感受6 + 感受7 + 感受8 + 感受9 + 感受10) \ 10，其中的运算符可以单击对话框内的按钮获得。另外，如果要对某个选择设定条件，可单击"如果"按钮进行设置。

Step 07 执行数据转换后获得的每个受访者对网络使用的总体感受平均值，如图2-68所示。

	R感受8	R感受9	R感受10	性别分组	时长_sum_1	感受_总分_mean_1	总体感受
1	12	66	63	1	7072.48	33.10	39.00
2	38	13	33	2	4528.15	31.80	26.25
3	61	13	33	1	7072.48	33.10	24.80
4	61	3	9	2	4528.15	31.80	35.55
5	38	32	33	2	4528.15	31.80	32.75
6	12	32	63	2	4528.15	31.80	50.05
7	61	66	33	2	4528.15	31.80	46.80
8	12	32	33	2	4528.15	31.80	47.65
9	61	32	33	1	7072.48	33.10	27.60
10	92	66	9	2	4528.15	31.80	59.85
11	97	92	9	2	4528.15	31.80	57.60
12	38	66	33	2	4528.15	31.80	57.90
13	12	32	9	2	4528.15	31.80	27.25
14	12	66	33	2	4528.15	31.80	32.95
15	79	66	9	2	4528.15	31.80	55.35
16	38	3	87	1	7072.48	33.10	45.15

图 2-68

2.3.4 置换缺失值

用户在数据整理过程中，会面临数据缺失的问题。为了不影响后续的数据分析，需要对缺失值进行预处理。操作步骤如下。

Step 01 打开"大学生上网调查报告"数据文件，执行菜单栏中的"转换"|"替换缺失值"命令，如图2-69所示。

Step 02 打开"替换缺失值"对话框，从变量列表中选择有缺失值的变量，单击 按钮，将其选入"新变量"下的列表框内，如图2-70所示。

图 2-69

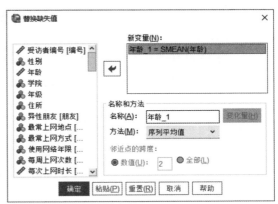

图 2-70

Step 03 在"名称"文本框中输入新的变量名，单击"变化量"按钮。单击"确定"按钮，如图2-71所示。

Step 04 完成"缺失值的替换"操作后，"查看器"窗口中自动显示替换结果，如图2-72所示。

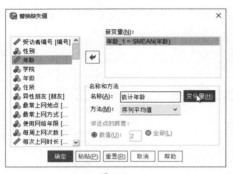

图 2-71

图 2-72

知识点拨

在"替换缺失值"对话框中的"方法"下拉列表中，包含五种缺失值替换方法，每种方法的详细说明如下。

- **序列平均值**：用所有变量值的平均值替换缺失值。
- **临近点的平均值**：由缺失值附近的数据的平均值替换缺失值。
- **临近点的中位数**：由缺失值附近的数据的中位数替换缺失值。
- **线性插值**：用缺失值前后相邻的非缺失值的中点值作为插值替换缺失值。
- **临近点的线性趋势**：用线性拟合方法确定缺失值的替换值。

2.3.5　数据行与列转置

有时为了方便进行数据分析，用户可以将"数据视图"的行和列互换，具体操作步骤如下。

Step 01 打开"大学生上网调查报告"数据文件，执行"数据"|"转置"命令，如图2-73所示。

Step 02 打开"转置"对话框。按快捷键Ctrl+A，选择左侧列表框中的所有选项，单击 按钮，如图2-74所示。将所选项目添加至"变量"下的列表框内，最后单击"确定"按钮。

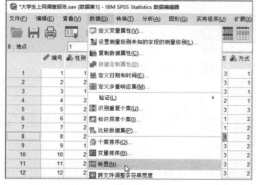

图 2-73

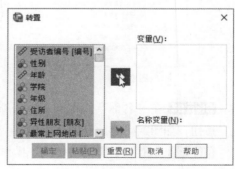

图 2-74

Step 03 操作完成后，系统将新建一个"数据编辑器"窗口，显示行列互换后的数据，如图2-75所示。

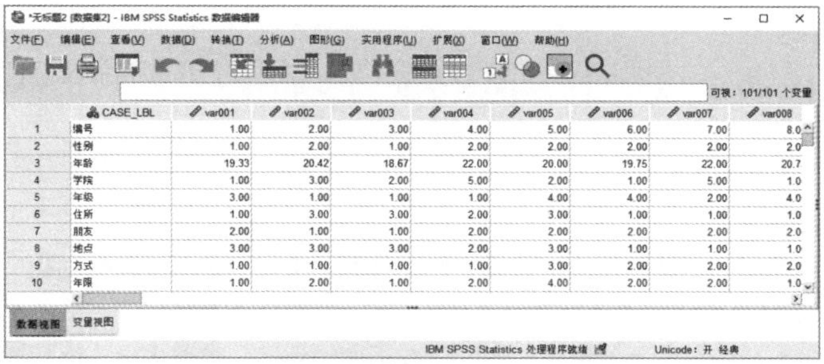

图 2-75

注意事项 在"转置"对话框中若没有将所有项目选入"变量"列表框，没有被选中的项目在行列互换后将丢失。

2.3.6 对数据进行分类汇总

数据的分类汇总即按照指定的分组变量对个案进行分类整理，然后对每组个案变量进行汇总分析。具体操作如下。

Step 01 打开"大学生上网调查报告"数据文件，执行"数据"|"汇总"命令，如图2-76所示。

Step 02 打开"汇总数据"对话框。在左侧变量列表中选择变量"性别"作为汇总依据，单击 按钮，将其选入"分界变量"列表框。可选择一项或多项变量进行分类汇总。接着将变量"时长_sum_1"和"感受_总分_mean_1"添加到"变量摘要"列表框，如图2-77所示。

图 2-76

图 2-77

"汇总数据"对话框有如下的设置选择。

（1）个案数

勾选该复选框，系统将各分类的个案数保存为一个变量，可在"名称"文本框中输入变量名，系统默认为N_BREAK。

（2）"保存"选项组

各保存方式的含义如下。

- **将汇总变量添加到活动数据集**：数据文件本身不汇总，而是对相同类别的个案赋予相同的新汇总变量值。
- **创建只包含汇总变量的新数据集**：将汇总数据存储到当前数据集中，该数据集包括定义汇总个案的分组变量和所有被汇总函数定义过的汇总变量。
- **创建只包含汇总变量的新数据文件**：将汇总数据存储到一个外部文件中，该文件包括定义汇总个案的分组变量和所有被汇总函数定义过的汇总变量。

（3）"用于大型数据集的选项"选项组

该项用于对大型数据集进行排序。

- **文件已按分界变量进行排序**：勾选该复选框会使程序运行更快，内存占用更少。
- **汇总前对文件进行排序**：在处理大型数据时，对数据排序是必要的，但不建议这样做。

Step 03 单击"变量摘要"下的"函数"按钮，打开"汇总数据：汇总函数"对话框，选择各种描述统计量。这些统计量包括"摘要统计""特定值""个案数""百分比、分数和计数"。本例中"时长"的汇总统计选择"合计"，"感受_总分_mean_1"的汇总统计选择"平均值"。选择完毕，单击"继续"按钮，如图2-78所示。

Step 04 单击图2-77中的"名称与标签"按钮，打开"汇总数据：变量名和标签"对话框，定义变量名和标签，也可以选择程序自动定义的变量名，本例选择系统默认的变量名，如图2-79所示。

图 2-78

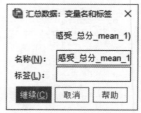

图 2-79

Step 05 返回"汇总数据"对话框，其他选项保持默认，单击"确定"按钮，完成操作，活动数据集随即生成汇总变量，可以看出，"时长_sum_1"和"感受_总分_mean_1"都按性别分为了两类，如图2-80所示。

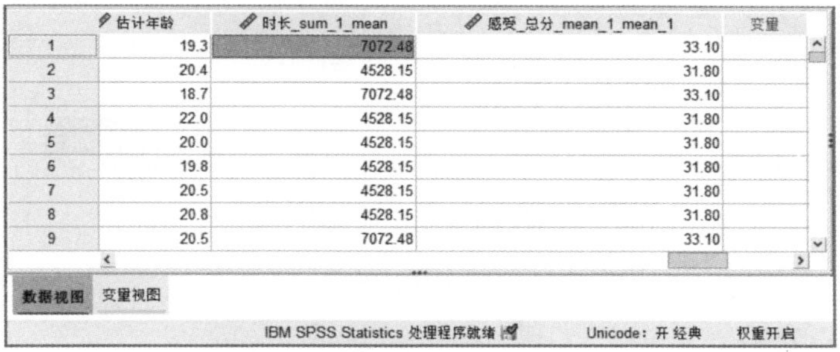

图 2-80

2.3.7 数据文件的合并

数据文件的合并分为添加个案和添加变量两种情况。"添加个案"是将活动数据集与另外一个数据集或包含相同变量（列）但不同个案（行）的外部SPSS数据文件合并在一起。另外的数据集既可以是外部SPSS数据文件，也可以是当前会话中可用的数据集。"添加变量"是将活动数据集与另一个打开的数据集或包含相同个案（行）但不同变量（列）的SPSS数据文件合并在一起。

1. 添加个案

Step 01 执行"数据"|"合并文件"|"添加个案"命令，如图2-81所示。

图 2-81

Step 02 打开"添加个案至……"对话框，单击"浏览"按钮，如图2-82所示。打开"添加个案读取"对话框。用户可以根据所合并的个案进行选择设置，设置完成后单击"继续"按钮，完成个案添加，生成新的数据文件。

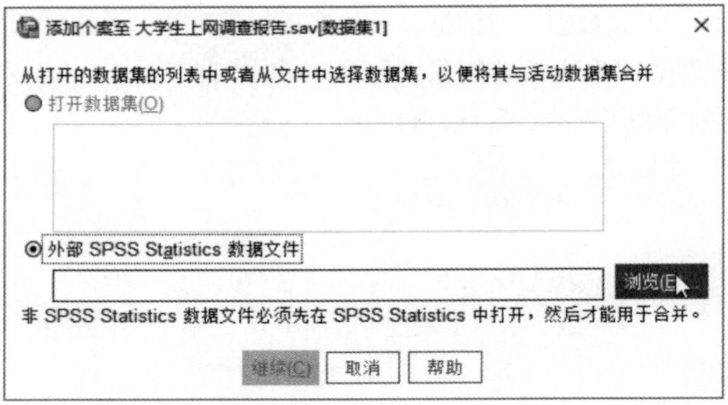

图 2-82

2. 添加变量

Step 01 执行"数据"|"合并文件"|"添加变量"命令，如图2-83所示。

图 2-83

Step 02 打开"变量添加至……"对话框，单击"浏览"按钮，如图2-84所示。打开"添加变量……"对话框，选择需要添加的文件，单击"继续"按钮，打开"添加变量至……"对话框，进行设置以完成变量的添加。

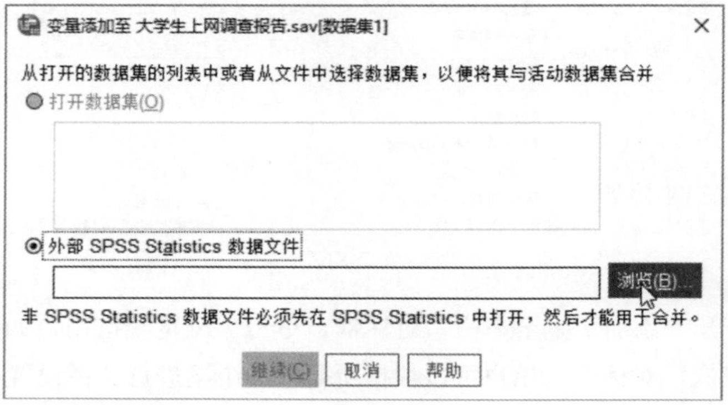

图 2-84

动手练 拆分数据文件

在数据分析时，常常需要对数据文件进行拆分，或将多个文件进行合并。如将考试成绩按班级拆分或按性别拆分，将多个科目的成绩合并等。

数据文件的拆分是按照某种变量，对数据文件进行分组，以便进行分析研究。具体操作如下。

Step 01 执行"数据"|"拆分文件"命令，如图2-85所示。

Step 02 打开"拆分文件"对话框。在变量列表中选择用于分组的变量，单击 按钮，将其选入"分组依据"列表框。选中"按组来组织输出"单选按钮，最后单击"确定"按钮，完成文件拆分，如图2-86所示。

图 2-85 图 2-86

2.3.8 数据加权

在数据统计分析中，常常会对数据进行加权处理。在统计中计算平均数等指标时，对各个变量值具有权衡轻重作用的数值称为权数。对数据加权的操作步骤如下。

Step 01 打开"大学生上网调查报告"数据文件，执行"数据"|"个案加权"命令。打开"个案加权"对话框，选中"个案加权依据"单选按钮。从变量列表中选择要加权的变量，单击 按钮，如图2-87所示。

Step 02 将其选入"频率变量"列表框内，单击"确定"按钮，完成加权处理，如图2-88所示。

图 2-87 图 2-88

案例实战：录入大学生就业意向调查数据

将非电子化的原始问卷资料采集完毕后，可以在SPSS中进行整理、编码并录入，从而对数据进行科学的统计与分析。下面以图2-89所示的"大学生就业意向调查"表为例，介绍问卷调查中常见的几种题型的录入方法。

大学生就业意向调查

您好：

为了了解大学生就业意向，想邀请您用几分钟时间帮忙填答这份问卷。本问卷实行匿名制，所有数据只用于统计分析，不会给您带来任何负面影响。请您放心填写。衷心感谢您的配合！

1.您的性别

①男　　　　②女

2.您的年龄

_____岁

3.毕业去向

①就业　　　②创业　　　③考研　　　④出国

4.可能会选择的就业方向（您可以选择多项）

①国企　　　②高校/研究所　　　③政府机关/事业单位/公务员

④外企　　　⑤民企　　　⑥私企　　　⑦其他

5.期待月薪

①3000 元以下　　②3000～5000 元　　③5000～8000 元

④8000～12000 元　　⑤12000～20000 元　　⑥20000 元以上

6.最想就业的城市

_____

图 2-89

1.录入单选题

单选题的录入首先需要将选项进行数字编码，在录入数据时还要利用值标签对编码进行解释。本案例的单选题为第1、3、5题，下面从第1题开始录入。

Step 01 启动SPSS，随后保存文件，设置文件名为"大学生就业意向调查表"。在"数据编辑器"窗口中打开"变量视图"，在"名称"变量下第1行的单元格内输入"性别"，按Enter键确认录入，如图2-90所示。

Step 02 选中"值"变量下的单元格，单击其右侧的□按钮，如图2-91所示。

图 2-90

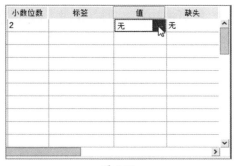

图 2-91

Step 03 弹出"值标签"对话框，在"值"文本框中输入"1"，在"标签"文本框中输入"男"，单击"添加"按钮，如图2-92所示。

Step 04 参照上一步骤设置"值"为"2"，"标签"为"女"，并添加到列表框中，随后单击"确定"按钮，如图2-93所示。

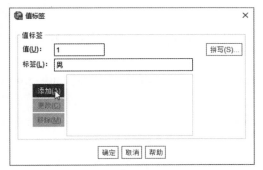

图 2-92

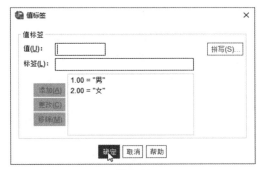

图 2-93

Step 05 参照上述步骤继续录入"毕业去向"以及"期待月薪"名称变量，随后参照图2-89所示的调查表中提供的选项顺序设置"值"变量，如图2-94所示。

	名称	类型	宽度	小数位数	标签	值	缺失
1	性别	数字	8	0		{1, 男}...	无
2	毕业去向	数字	8	0		{1, 就业}...	无
3	期待月薪	数字	8	0		{1, 3000元...	无
4							
5							
6							
7							
8							

图 2-94

2. 录入多选题

多选题也被称为多重响应题，是各类调查表中极其常见的一种问题类型，本例中的第4题为多选题，一共包含7个选项，可以理解为7个变量，每一个变量代表其中一个选项的选择结果，"1"表示"选中"，"0"表示未选中，下面介绍该题的录入方法。

Step 01 在"名称"变量下输入"毕业方向1""毕业方向2"…"毕业方向7"，并将"小数位数"全部调整为"0"，如图2-95所示。

Step 02 依次设置"就业方向1"～"就业方向7"的"值"变量，全部设置为0="未选中"，1="选中"，如图2-96所示。

	名称	类型	宽度	小数位数
1	性别	数字	8	0
2	毕业去向	数字	8	0
3	期待月薪	数字	8	0
4	就业方向1	数字	8	0
5	就业方向2	数字	8	0
6	就业方向3	数字	8	0
7	就业方向4	数字	8	0
8	就业方向5	数字	8	0
9	就业方向6	数字	8	0
10	就业方向7	数字	8	0

图 2-95   图 2-96

3. 设置多选题变量集

录入多选题后，录入的多个选项SPSS为分散独立的变量，而不是将其识别为一道多选题。此时还需要设置多选题变量集。

Step 01 在菜单栏中执行"分析"|"多重响应"|"定义变量集"命令，如图2-97所示。

图 2-97

Step 02 弹出"定义多重响应集"对话框,按住Ctrl键,依次单击同一多选题的变量,将"毕业去向1"～"毕业去向7"全部选中,单击 ⊡ 按钮,将所选变量添加至右侧的"集合中的变量"列表框中,如图2-98所示。

Step 03 在"变量编码方式"选项组中选中"二分法"单选按钮,在右侧"计数值"文本框中输入"1",随后在"名称"和"标签"文本框中输入内容,单击"添加"按钮,如图2-99所示。

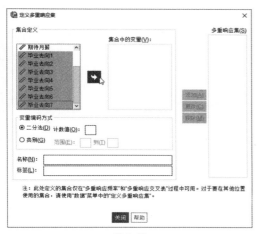

图 2-98

图 2-99

Step 04 将"集合中的变量"列表框中的变量添加到右侧的"多重响应集"列表框中,最后单击"关闭"按钮即可,如图2-100所示。

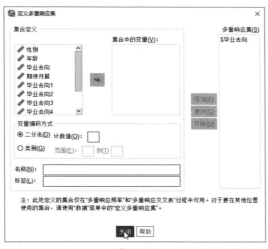

图 2-100

4. 录入开放题

开放题即没有固定答案,由被调查者自己填写内容,本例第2、6题为开放题。开放题的变量属性根据问题答案是数字或文字来选择变量类型。本例第2题的题目"年龄"

为数字型变量，设置其变量类型为"数字"即可，也可为其设置离散值。第6题为文字型开放题，文字型开放题的答案无法直接进行统计分析，若被调查者给出文本型答案，可以如实填写文字信息，但这些文字信息不能直接进行统计分析。文字信息必须进行编码，即对文字信息进行量化后才能进行统计分析，此处不做展开介绍，有兴趣的用户可以查阅相关资料进行深入学习。

Step 01 选中第2行，随后在行标签上右击，在弹出的快捷菜单中执行"插入变量"命令，如图2-101所示。

Step 02 在插入的空行中的名称变量下输入"年龄"，随后单击变量"缺失"右侧的■按钮，如图2-102所示。

图 2-101

图 2-102

Step 03 弹出"缺失值"对话框，设置"离散缺失值"为999，单击"确定"按钮，如图2-103所示。

Step 04 输入变量名称为"最想就业的城市"，单击其"类型"变量右侧的按钮，如图2-104所示。

图 2-103

图 2-104

Step 05 弹出"变量类型"对话框，选中"字符串"单选按钮，最后单击"确定"按钮，如图2-105所示。

Step 06 至此完成"大学生就业意向调查"数据在SPSS中的各项变量的设置，如图2-106所示。

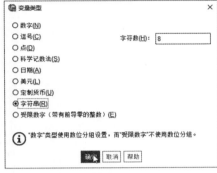

图 2-105

	名称	类型	宽度	小数位数	标签	值	缺失
1	性别	数字	8	0		{1, 男}...	无
2	年龄	数字	8	0		无	999
3	毕业去向	数字	8	0		{1, 就业}...	无
4	期待月薪	数字	8	0		{1, 3000元...	无
5	毕业去向1	数字	8	0		{0, 未选中}...	无
6	毕业去向2	数字	8	0		{0, 未选中}...	无
7	毕业去向3	数字	8	0		{0, 未选中}...	无
8	毕业去向4	数字	8	0		{0, 未选中}...	无
9	毕业去向5	数字	8	0		{0, 未选中}...	无
10	毕业去向6	数字	8	0		{0, 未选中}...	无
11	毕业去向7	数字	8	0		{0, 未选中}...	无
12	最想就业的城市	字符串	8	0		无	无
13							
14							
15							

数据视图　变量视图

IBM SPSS Statistics 处理程序就绪　　Unicode: 开 经典

图 2-106

Step 07 最后在"数据视图"中录入统计结果即可，如图2-107所示。

	性别	年龄	毕业去向	期待月薪	毕业去向1	毕业去向2	毕业去向3	毕业去向4	毕业去向5	毕业去向6	毕业去向7	最想就业的城市
1	1	19	1	5	0	1	0	0	0	0	0	上海
2	2	20	3	4	1	1	1	1	0	0	1	北京
3	2	21	4	6	0	1	0	0	0	1	0	湖北
4	2	20	2	5	1	0	1	1	0	0	1	长沙
5	2	21	1	6	0	0	1	1	1	0	1	上海
6	2	20	4	4	0	0	1	0	0	0	1	广州
7	1	21	1	3	1	1	0	0	0	1	0	广州
8	2	20	2	2	1	0	1	0	0	0	0	南京
9	2	21	2	6	1	0	1	1	1	1	0	苏州
10	1	21	2	5	0	0	1	1	0	0	0	北京
11	2	20	4	4	1	0	1	0	1	0	1	河北
12	1	24	3	2	0	0	1	1	1	1	1	广州
13	2	22	2	2	0	1	0	0	0	1	0	贵州
14	1	23	1	3	0	0	1	0	1	0	0	新疆
15	1	19	2	1	1	0	0	0	1	0	0	苏州
16	2	19	4	3	1	0	1	1	1	0	1	江苏
17	1	19	2	3	0	1	1	0	0	0	0	山西

数据视图　变量视图

IBM SPSS Statistics 处理程序就绪　　Unicode: 开 经典

图 2-107

读书笔记

第3章
SPSS基本统计分析

　　在SPSS中对数据进行统计分析时，常常以各种报表的形式呈现统计结果，以获得变量的相关信息。SPSS统计报表可以根据用户的需求，以各种列表的形式输出数据的统计量。本章将对各种统计报表以及统计分析方法进行详细介绍。

3.1 统计报告

常用的统计报表包括个案摘要报告、行形式摘要报告、列形式摘要报告和在线分析处理报告。

3.1.1 个案摘要报告

个案摘要报告可以将数据按用户的要求进行整理和分析，对一个或者多个分组类别中的变量计算其直属统计量，也可以分别计算这些变量的子组统计量。

SPSS的个案摘要报告功能可以将数据按要求进行整理和报告，即程序可以为一个或多个分组变量类别中的变量计算子组统计量，并将各级别的统计量进行列表，以形成个案摘要报告。所有级别的分组变量要进行交叉制表，因此研究者可以选择显示统计的顺序。个案摘要报告将显示跨所有类别的每个变量的汇总统计。每个类别中的数据值可以列出，也可以不列出，大型数据的个案摘要报告可以只列出部分个案的分析结果。

个案摘要报告可在"查看器"窗口生成，方便用户浏览或打印，或者对数据进行简单的描述统计。打开要分析的数据文件，可以在"数据编辑器"窗口进行个案摘要报告的生成操作。

动手练 个案摘要报告案例

下面以"员工信息"数据文件为例说明个案摘要报告的生成步骤。本例需要考察不同"学历"和不同"职称"在"工资"上的不同之处。具体操作步骤如下。

Step 01 打开"员工信息"数据文件，执行"分析"|"报告"|"个案摘要"命令，如图3-1所示。

Step 02 打开"个案摘要"对话框，单击 按钮，将"基本工资"选入"变量"列表中，如图3-2所示。

图 3-1

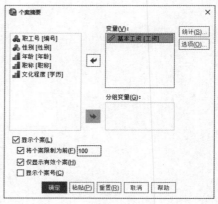

图 3-2

Step 03 将"职称"和"文化程度"变量选入"分组变量"列表中，单击"统计"按钮，如图3-3所示。

Step 04 打开"摘要报告：统计"对话框，将"个案数""均值""标准差"选入"单元格统计"列表中，单击"继续"按钮，如图3-4所示。

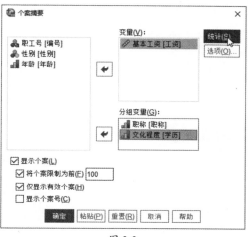

图 3-3

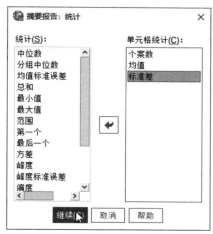

图 3-4

Step 05 返回"个案摘要"对话框，单击"选项"按钮，如图3-5所示。

Step 06 打开"选项"对话框，定义标题为"基本工资个案汇总表"，其他选项保持默认，单击"继续"按钮，如图3-6所示。

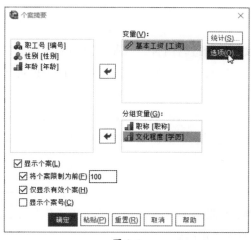

图 3-5

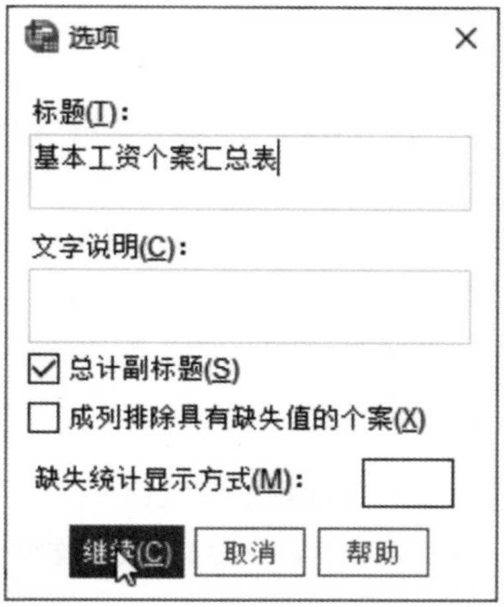

图 3-6

Step 07 返回上一级对话框，单击"确定"按钮，完成操作。"查看器"窗口生成个案摘要报告，如图3-7所示。

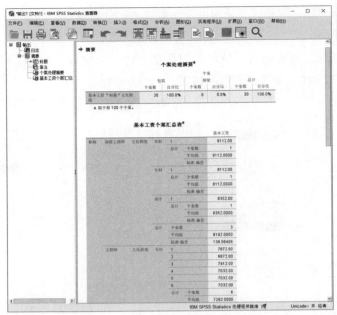

图 3-7

3.1.2 行形式摘要报告

行形式摘要报告的生成操作和个案摘要报告的生成操作类似，不同之处在于行形式摘要报告可以生成更为复杂的摘要形式。

1. 行形式摘要报告概述

行形式摘要报告的分析过程就是把数据重新进行组合，按照指定的要求显示在"查看器"窗口，此外，还可以进行相关数据的统计分析，并给出相应的统计量报告，以方便用户浏览、打印或对数据进行简单的描述统计。

行形式摘要报告的分析生成过程与个案摘要报告类似，只是更为复杂，输出的格式设置也更为详细。打开要分析的数据文件，可以在"数据编辑器"窗口进行行形式摘要报告的生成操作。

动手练 行形式摘要报告案例

下面仍以"员工信息"数据文件为例，说明行形式摘要报告的生成操作步骤，输出"工资"在"职称"和"学历"上的差异的行形式摘要报告。

Step 01 打开"员工信息"数据文件，执行"分析"|"报告"|"按行显示的报告摘要"命令，如图3-8所示。

Step 02 打开"报告：行摘要"对话框，将"基本工资"变量选入"数据列变量"列表中；将"职称"和"文化程度"变量选入"分界列变量"列表中。随后单击"数据列变量"列表下方的"格式"按钮，如图3-9所示。

SPSS统计分析标准教程（实战微课版）

图 3-8

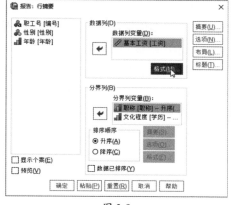
图 3-9

Step 03 打开"报告：工资 的数据列格式"对话框，输入列标题，单击"继续"按钮返回上一级对话框，如图3-10所示。

Step 04 单击"摘要"按钮，如图3-11所示。

图 3-10

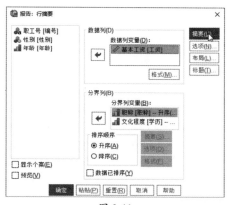
图 3-11

Step 05 打开"报告：最终摘要行"对话框，勾选"值的均值""标准差"和"个案数"复选框，单击"继续"按钮返回上一级对话框，如图3-12所示。

Step 06 单击"选项"按钮，打开"报告：选项"对话框，勾选"成列排除具有缺失值的个案"复选框，单击"继续"按钮返回上一级对话框，如图3-13所示。

图 3-12

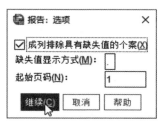
图 3-13

Step 07 单击"布局"按钮，打开"报告：布局"对话框，在该对话框中可以设置输出报告的整体布局。此处选择系统默认设置，单击"继续"按钮返回上一级对话框，如图3-14所示。

Step 08 单击"标题"按钮，打开"报告：标题"对话框，在该对话框中可以不为报告设置标题行和脚注，也可以自行输入或从源变量列表中选择变量作为标题或脚注，此处选择系统默认设置，单击"继续"按钮返回上一级对话框，如图3-15所示。

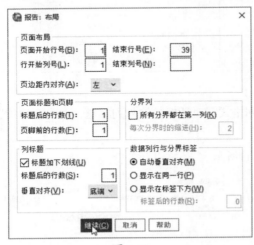

图 3-14

图 3-15

知识点拨

"分界列变量"的属性设置和"数据列变量"的设置基本相同。在"分界列"区域下方分别单击"摘要""选项"和"格式"按钮，即可设置终止列变量的统计量、页面参数、列标题和列的属性等，此处不再赘述。

Step 09 所有操作完成后，单击"确定"按钮，如图3-16所示。

Step 10 "查看器"窗口中随即生成行形式摘要报告，如图3-17所示。

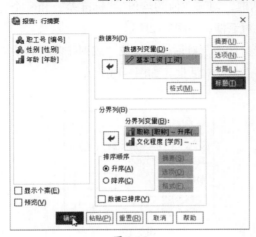

图 3-16

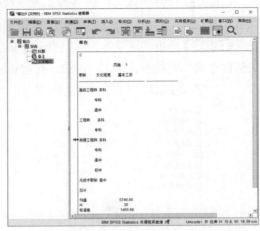

图 3-17

SPSS统计分析标准教程（实战微课版）

3.1.3 列形式摘要报告

列形式摘要报告的生成步骤和行形式摘要报告的生成步骤类似，基本功能也比较接近，只是输出的报告形式有所差异。

1. 列形式摘要报告的操作概述

和行形式摘要报告一样，列形式摘要报告的分析过程也是把数据重新进行组合，按照研究者指定的要求罗列在"查看器"窗口，方便用户浏览、打印，同样，列形式摘要报告也可以进行相关数据的统计分析，并给出相应的统计量报告，以便于研究者对数据进行简单的描述统计。列形式摘要报告的分析生成过程与行形式摘要报告类似，只是输出的报告形式有所差异。

动手练 列形式摘要报告案例应用

下面对"员工信息"数据文件进行列形式摘要报告输出的操作，以观察不同职称和学历的基本工资和奖金情况。

Step 01 打开"员工信息"数据文件，执行"分析"|"报告"|"按列显示的报告摘要"命令，如图3-18所示。

Step 02 打开"报告：列摘要"对话框。将"工资"和"奖金"变量选入"数据列变量"列表中，变量将显示为"工资:sum"和"奖金:sum"，因为系统默认"数据列变量"列表中的变量显示为"变量:sum"，如图3-19所示。

图 3-18

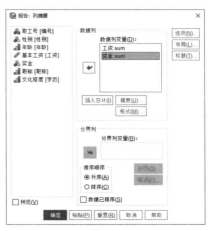

图 3-19

Step 03 将"职称"和"文化程度"依次选入"分界列变量"列表中，选中"工资:sum"变量，单击"摘要"按钮，如图3-20所示。

Step 04 打开"报告：工资的摘要行"对话框，选中"值的均值"单选按钮，单击"继续"按钮，如图3-21所示。

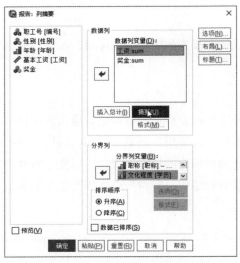
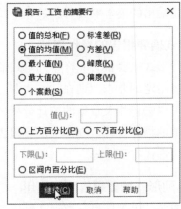

图 3-20 　　　　　　　　　　　　　　　　　　图 3-21

Step 05 "工资:sum"将变为"工资:均值"。重复以上操作，完成对"奖金:均值"的统计量设置。随后选中"工资:均值"统计量，单击"格式"按钮，如图3-22所示。

Step 06 打开"报告:工资的数据列格式"对话框，定义列标题为"工资平均值"，单击"继续"按钮返回上一级对话框，如图3-23所示。重复上述操作，定义"奖金:均值"。

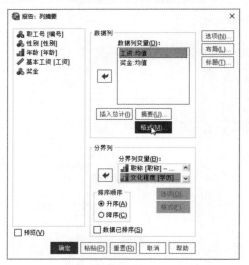
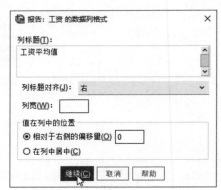

图 3-22 　　　　　　　　　　　　　　　　　　图 3-23

Step 07 单击"插入总计"按钮，在"数据列变量"列表中插入新变量"总计"，选中"总计"变量，单击"摘要"按钮，如图3-24所示。

Step 08 打开"报告：摘要列"对话框，将"数据列"列表框中的变量全部选入"摘要列"列表中，"摘要函数"使用默认的"各个列的总和"选项，单击"继续"按钮，如图3-25所示。

图 3-24　　　　　　　　　　　　　　　　　图 3-25

Step 09 单击"确定"按钮完成设置，如图3-26所示。

Step 10 "查看器"窗口随即输出员工工资的列形式摘要报告，如图3-27所示。

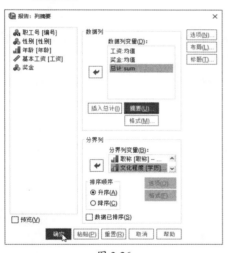

图 3-26　　　　　　　　　　　　　　　　　图 3-27

3.1.4　在线分析处理报告

在线分析处理（On-Line Analytical Processing，OLAP）报告是一套以多维度方式进行资料分析，并能呈现整合性决策信息的方法，多用于决策支持系统、商务智能或数据仓库，其主要功能在于方便大规模数据分析及统计计算，对决策提供参考和支持。

1. 在线分析处理报告的概述

20世纪60年代，关系数据库之父E. F. Codd提出了关系模型，促进了在线事务处理（OLTP）的发展（数据以表格的形式而非文件方式存储）。然而，随着数据库技术的发

61

展和应用，数据库存储的数据量也成几何倍数迅猛增长，OLTP已不能满足终端用户对数据库查询分析的需要，于是E. F. Codd便在1993年提出了多维数据库和多维分析的概念，即在线分析处理。OLAP这类软件能够使分析人员、管理人员或执行人员多角度地对出自原始数据且能够真正为用户所理解并真实反映变量特性的信息进行快速、一致、交互地存取，从而获得对数据更深入的了解。它的目标是满足决策支持或多维环境特定的查询和报表需求，其技术核心是"维"（即人们观察数据的特定角度，是考虑问题时的一类属性，如时间维、空间维等），因此OLAP也可以说是多维数据分析工具的集合。同时，其还具有分析功能灵活、数据操作直观和分析结果可视化等优点，从而使基于大规模复杂数据的分析变得轻松而高效，有利于决策者迅速作出正确判断。

OLAP多维数据分析可以计算一个或多个分组变量中连续摘要变量的总和、平均值和其他单变量统计，并在表格中为每个分组变量的每个类别创建单独的层。其优势在于能够生成多层表格，用户可以按照需要对分组变量的某个特定水平组合进行结果输出。其最大特点是交互性强，用户可自行选择报告的内容和形式。打开要分析的数据文件，可以在"数据编辑器"窗口进行在线分析处理报告的生成操作。

动手练 在线分析处理报告案例 ————————————————————●

下面以"员工信息"数据文件为例，说明生成在线分析处理报告的操作步骤。本次数据分析的目的是根据"年龄"和"学历"对工资进行对比。

Step 01 打开"员工信息"数据文件，执行"分析"|"报告"|"OLAP立方体"命令，如图3-28所示。

Step 02 打开"OLAP立方体"对话框，将"年龄"和"文化程度"选入"摘要变量"下的列表中；将"基本工资"选入"分组变量"下的列表中。单击"统计"按钮，如图3-29所示。

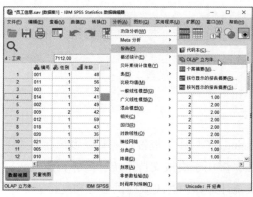

图 3-28

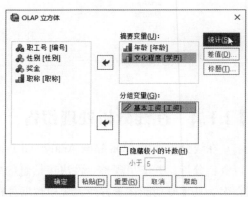

图 3-29

Step 03 打开"OLAP立方体：统计"对话框，依次将"统计"列表中的"总和""个案数""均值""标准差""最小值"和"最大值"选入"单元格统计"列表中，单击"继续"按钮，如图3-30所示。

Step 04 返回"OLAP立方体"对话框，单击"差值"按钮，打开"OLAP立方体：差值"对话框，进行差值设置，本例选择默认设置。单击"继续"按钮，如图3-31所示。

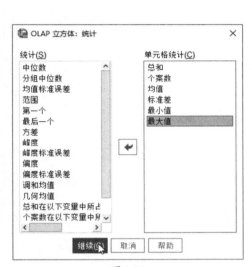

图 3-30

图 3-31

知识点拨

　　"OLAP立方体：统计"对话框中的"统计"列表中列举了SPSS在线处理分析报告可以计算的各种统计量，选入"单元格统计"列表中的统计量将显示在最后的输出表格内。"统计"列表中的统计量的含义如下。

- **中位数**：第50个百分位，大于该值和小于该值的个案数各占一半。如果个案个数为偶数，那么中位数是个案在以升序或降序排列的情况下中间的两个个案的平均值。中位数是对集中趋势的测量，但对于远离中心的值不敏感（这与平均值不同，平均值容易受到少数多个非常大或非常小的值的影响）。
- **分组中位数**：针对编码到组中的数据计算的中位数。分组中位数是由已编码的数据计算得出的。
- **均值标准误差**：取自同一分布的样本与样本之间的平均值之差的测量，可以粗略地将观察到的平均值与假设值进行比较（即如果差与标准误差的比值小于−2或大于2，那么可以断定两个值不同）。
- **最小值**：数值变量的最小值。
- **最大值**：数值变量的最大值。
- **范围**：数值变量最大值和最小值之间的差，即最大值减去最小值。
- **第一个**：数据文件中的第一个数据值。
- **最后一个**：数据文件中的最后一个数据值。

- **方差**：是对围绕平均值的离差的测量，其测量值等于各变量值与平均值的差的平方和除以个案数减1。度量方差的单位是变量本身的单位的平方。
- **峰度**：是对观察值聚集在众数周围的程度的测量。对于标准正态分布，峰度系数值为0。峰度系数大于0为高峰度，高峰度表示相对于标准正态分布，观察值聚集于众数周围的更多；峰度系数小于0为低峰度，低峰度表示相对于标准正态分布，观察值聚集于众数周围的更少。
- **峰度标准误差**：峰度与其标准误差（0.662）的比值可用于正态性检验（即如果比值小于−2或大于2，就可以拒绝正态性）。
- **偏度**：用于分布的不对称性测量。正态分布是对称的，偏度值为0。具有显著的正偏度的分布有很长的右尾。具有显著的负偏度的分布有很长的左尾。当偏度值超过偏度标准误差的两倍时，认为不具有对称性。
- **偏度标准误差**：偏度与其标准误差（0.337）的比值可用作正态性检验（即如果比值小于−2或大于2，就可以拒绝正态性）。
- **调和均值**：在组中样本大小不等的情况下用来估计平均值大小。调和平均值是样本总数除以样本大小的倒数总和。
- **几何均值**：即数据值的乘积的n次根，其中n代表个案数目。
- **总和**：即所有带有非缺失值的个案的值的合计。
- **总和在以下变量中所占百分比**：其他分组变量的类别内指定分组变量的总和的百分比。如果只有一个分组变量，那么此值与总和百分比相同。
- **个案数在以下变量中所占的百分比**：其他分组变量的类别内指定分组变量的个案数的百分比。如果只有一个分组变量，那么此值与总个案数百分比相同。
- **标准差**：是对围绕平均值的离差的测量。在正态分布中，68%的个案在平均值的一倍标准差范围内，95%的个案在平均值的两倍标准差范围内。
- **均值**：是对集中趋势的测量，是算术平均，即总和除以个案数。
- **在总和中所占的百分比**：表示每个类别中的总和百分比。
- **个案数**：个案（观察值或记录）的数目。
- **在总个案数中所占的百分比**：每个类别中的个案总数的百分比。

Step 05 返回"OLAP立方体"对话框，单击"标题"按钮，如图3-32所示。打开"OLAP立方体：标题"对话框。该对话框包括"标题"和"文字说明"两个文本框，分别用于定义输出表格的标题和对表格的说明。此处，设置标题为"工资对比"，单击"继续"按钮返回上一级对话框，如图3-33所示。

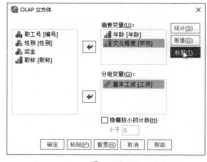

图 3-32

图 3-33

Step 06 完成操作后，SPSS "查看器"窗口中将自动成在线分析处理报告，如图3-34所示。

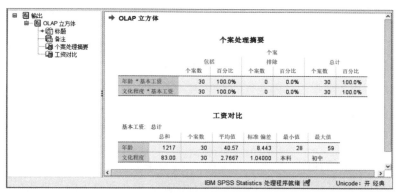

图 3-34

"OLAP立方体：差值"对话框提供四个选项组。

- **摘要统计的差值**：该组包括"无""变量之间的差值"和"组间差值"三个单选按钮，分别表示不进行差值计算、计算变量之间的差值和计算分组间的差值。如果选择后两项，将分别激活"变量之间的差值"和"个案组间差值"选项组。
- **差值类型**：该选项组包括"百分比差值"和"算术差值"两个复选框，用于选择要计算的差值统计量的类型。
- **变量之间的差值**：该项用于计算变量之间的差值，即每一对变量中第一个变量的汇总统计值减去第二个变量（减去的变量）的汇总统计值。因此计算变量对之间的差值至少需要两个摘要变量。该选项组包括"变量""减变量"两个下拉列表和"百分比标签""算术标签"两个文本框，分别用于设置对比的变量和差异形式。设置完毕后单击，将其选入"对"文本框，即可用于多种变量之间的对比。也可以单击"删除对"按钮，取消"变量对"的比较。
- **个案组间差值**：该选项组用于计算由分组变量定义的组间的差值，即每一对中第一个类别的汇总统计值减去第二个类别（减去的类别）的汇总统计值。个案组之间的差值至少需要一个分组变量。该选项组中包括一个"分组变量"下拉列表和"类别""减类别""百分比标签"和"算术标签"四个文本框，分别用于设置分组变量、比较的各类别取值和差异方式。

S 3.2 频率分布

对数据的描述统计往往是从最基本的频率分析开始的。通过频率分析，用户可以了解变量的取值状况，以进一步把握数据的分布特征。

3.2.1 频率分布概述

频率是指某一观察值在一组数据中出现的次数，把各个观察值及其相应的频率全部罗列出来就是"频率分布"，SPSS中有专门用于生成频率分布表的分析模块——"频率"过程。通过频率分布表可以对数据进行分组归类整理。该分析模块还可以生成条形图、饼图和直方图等统计图,以直观展现频率的分布形态。

1. 频率分布表

生成频率分布表是进行频率分析的第一个基本任务,其主要组成部分如下。

- **频率**:指变量值位于某个区间(或类别)的次数。
- **百分比**:指各频率占总样本数的百分比。
- **有效百分比**:指各频率占总有效样本的百分比。
- **累计百分比**:指百分比逐级累加的结果,最终取值为100%。

2. 频率分析的常用统计图

频率分析的另一功能是绘制统计图。统计图是一种非常直观的数据指示方法,能清晰地展示变量的取值分布状况。

- **条形图**:用相同宽度的条形的高度指示频率分布变化的图形,适用于定序和定类变量的统计分析。条形图的Y轴可以使用频率或百分比,X轴通常为定类变量。条形图包括简单条形图和集群条形图。
- **饼图**:用圆形及扇形的面积指示频率百分比变化的图形。圆内扇形面积可以表示频率,也可以表示百分比。一般条形图与饼图适用于类别变量。
- **直方图**:用矩形的面积表示频率分布变化的图形,适用于连续变量的分析研究。还可以在直方图上附加正态分布曲线,便于将频率分布与正态分布进行比较。

3. 频率分布的特征

频率分布具有集中趋势和离散两个特征。集中趋势用于描述频率分布位置的统计量,包括平均值、中位数、众数和所有值的总和。离散用于测量数据中变异和扩散的统计量,包括标准差、方差、范围、最小值、最大值和平均值标准误差。

3.2.2 生成频率分布分析报告

下面对"初中生学习压力调查"问卷的回收数据进行分析,以了解初中生学习压力的整体现状。

Step 01 打开"初中生学习压力调查"数据文件,执行"分析"|"描述统计"|"频率"命令,如图3-35所示。

图 3-35

Step 02 打开"频率"对话框。从对话框左侧变量列表中选择"压力总分"并将其选入"变量"下的列表中，如图3-36所示。

Step 03 在"频率"对话框中单击"统计"按钮，打开"频率：统计"对话框，选择需要输出的统计量。该对话框包含四个统计量选项组，分别是"百分位值""集中趋势""离散"和"分布"，选择后单击"继续"按钮，返回"频率"对话框，如图3-37所示。

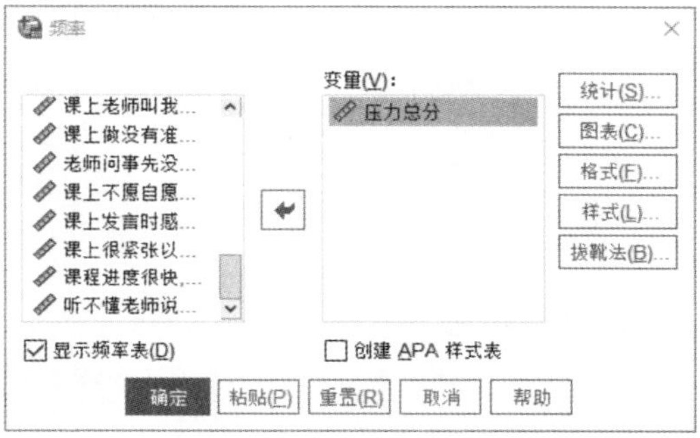

图 3-36

图 3-37

Step 04 单击"图表"按钮，打开"频率：图表"对话框。该对话框有"图表类型"和"图表值"两个选项组，"图表类型"提供"无""条形图""饼图"和"直方图"四种格式。本案例选中"直方图"单选按钮，并勾选"在直方图中显示正态曲线"复选框；"图表值"选项选择程序的默认设置"频率"，单击"继续"按钮，返回"频率"对话框，如图3-38所示。

Step 05 单击"格式"按钮，打开"频率：格式"对话框。在"排序方式"选项组中选择频率分析输出结果的排列顺序；在"多个变量"选项组中选择有多个变量时分析结果的输出方式。如果勾选"禁止显示具有多个类别的表"复选框，表示变量有太多的类别时不输出频率分布表。系统默认最大类别数为10。本例选择默认设置"按值的升序排序"和"比较变量"。单击"继续"按钮，返回"频率"对话框，如图3-39所示。

图 3-38

图 3-39

Step 06 单击"样式"按钮，打开"表样式"对话框，设置输出表格的各种属性。"表样式"对话框用于指定根据具体条件自动更改透视表属性的条件。单击"继续"按钮，返回"频率"对话框，如图3-40所示。

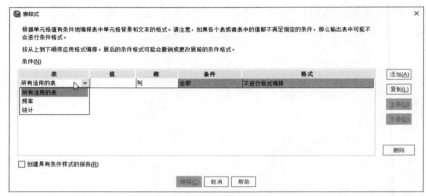

图 3-40

Step 07 单击"确定"按钮，输出频率分布的分析结果，如图3-41～图3-43所示。

图 3-41   图 3-42

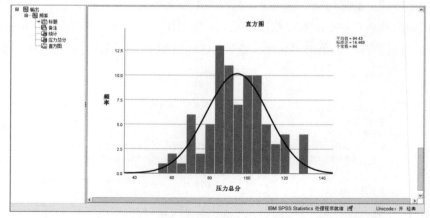

图 3-43

3.3 描述性统计

描述性统计主要是指对调查问卷等方式所采集的数据进行归纳、整理和整体性描述。

3.3.1 描述性统计概述

描述性统计主要用于对定距变量的数据分布状况的分析。通常，描述性统计可以通过平均值和平均值的标准误差展示定距数据的集中趋势；通过标准差、方差、最大值、最小值和范围等统计量描述数据的离散程度；通过峰度和偏度指示数据的分布形态。描述性统计的分析步骤与频率分布分析的操作类似，所涉及统计量的含义与频率分布分析的统计量相同，故不再一一赘述。

3.3.2 描述性统计案例讲解

本节以"初中生学习压力调查"数据文件为例，分析初中生对学习压力的感受。本例中的问卷由"姓名""年级"以及28个问题和"压力总分"构成，对每个问题的判别方式使用5级利克特量表来表达从"很同意"（用1表示）到"很不同意"（用5表示）的态度变化。这样的量表类似于定距变量，因此可以进行描述性统计分析。具体分析步骤如下。

Step 01 打开"初中生学习压力调查"数据文件，执行"分析"|"描述统计"|"描述"命令，如图3-44所示。

图 3-44

Step 02 打开"描述"对话框。从对话框左侧变量列表中选择所有问题变量，并依次将这些变量选入"变量"列表中。该对话框下方还有"将标准化值另存为变量"复选框，用以将普通分数变成标准分数——Z分数。本例无须勾选此复选框，如图3-45所示。

Step 03 单击"选项"按钮，打开"描述：选项"对话框，选择需要的统计量，在"显示顺序"选项组选中"按均值的升序排序"单选按钮，以便于直观展示态度变化的趋势。设置完成后，单击"继续"按钮，返回"描述"对话框，如图3-46所示。

图 3-45

图 3-46

Step 04 单击"确定"按钮，完成操作，如图3-47所示。"查看器"窗口中随即输出分析报告表，如图3-48所示。

图 3-47

描述统计

	N	范围	最小值	最大值	平均值	标准差
担心因为考试不及格带来的后果	84	4	1	5	1.85	1.114
课上不愿自愿发言	84	4	1	5	2.15	.988
听不懂老师所讲时会很不自在	84	4	1	5	2.17	1.062
老师问事先没有准备的问题时感到紧张	84	4	1	5	2.50	1.092
觉得其他同学的成绩比自己好	84	4	1	5	2.60	1.121
课上做没有准备的发言时感到惊慌	84	4	1	5	2.64	1.158
课上很紧张以致知道的东西都忘了	84	4	1	5	2.65	1.237
一直在想其他同学的成绩比自己好	84	4	1	5	2.68	1.234
上课时在想一些和课堂内容无关的事	84	4	1	5	2.73	1.112
对课上的一些小测验感到紧张	84	4	1	5	2.77	1.165
没听懂老师讲课内容会感到害怕	84	4	1	5	2.83	1.139
老师点到名字时感到心跳得很厉害	84	4	1	5	2.85	1.177
听不懂老师说什么感到很不安	84	4	1	5	2.86	1.153
那么多要求背诵的内容怪人害怕	84	4	1	5	2.88	1.176
怕学习好担心别的同学取笑	84	4	1	5	2.93	1.170
不明白为什么有些人对学习这么害怕	84	4	1	5	2.94	1.264
对学习准备得很充分，还是感到焦虑	84	4	1	5	2.95	1.171
未做好准备会觉得有压力	84	4	1	5	3.04	1.145
上课使我感到烦恼	84	4	1	5	3.05	1.260
课上发言时感到紧张不安	84	4	1	5	3.05	1.221
希望最好不用去上课	83	4	1	5	3.06	1.391
课程进度很快，担心跟不上	84	4	1	5	3.07	1.149
在课上发言很自信	84	4	1	5	3.14	1.132
去上课的路上感到很紧张	84	4	1	5	3.18	1.020
上课使我感到紧张和不安	84	4	1	5	3.28	1.152
考试准备得越多越觉得没底	84	4	1	5	3.29	1.168
课上老师叫我我会会发抖	83	4	1	5	3.41	1.169
老师要纠正我我错误说时很害怕	84	4	1	5	3.50	1.156
有效个案数（成列）	82					

图 3-48

为调查初中生学习压力使用态度调查描述统计表。在一个5级量表中，中位数为2.5。高于2.5表示否定态度，低于2.5表示肯定态度。从平均值的排序来看，"担心因为考试不及格带来的后果"的统计量平均值最低，为1.85，说明在该项上受访者的态度是最肯定的。可以看出，受访者对前3项基本都持否定态度。另一方面，第四项之后的项的平均值都大于2.5，说明中学生在这些选项上持否定态度。后11项的平均值相对较高，说明学生对这些问题持否定态度的占比更大。另外，根据标准差也能判断出各项上的个体差异，标准差越小，说明个体差异越小，标准差越大，则说明个体差异越大。

S 3.4　探索性分析

所谓探索性分析，即用户对数据分布的特点尚不太了解，需要对数据进行试探性的考察或探索，计算常用统计量并绘制统计图，便于为下一步采用何种统计方式进行数据分析提供参考。因此，探索性分析是统计分析中的一个重要环节。

3.4.1　探索性分析概述

探索性分析基于对数据的基本特征有所了解，但仍需对数据进行更为细致和深入的描述性观察分析。因此，不仅包括数据分析的一般性描述，还增加了对数据的文字或图表的描述，使得数据分析更深入、细致和全面。探索性分析主要包括以下几项。

（1）寻找数据中的奇异值

在数据的整理输入过程中，难免会有所疏漏，使得数据中产生某些影响分析结果的奇异值。寻找这些奇异值，并分析其产生的原因，以决定对这些数值删除或保留。

（2）正态分布检验

通过探索性分析，可以进一步对数据的分布状况进行深入分析，以验证是否符合正态分布，进而确定能否使用正态分布数据适用的分析方法对数据进行分析。常用的正态分布检验是Q-Q概率图。

（3）方差齐性检验

探索性分析程序通过方差齐性检验来比较各组数据之间的方差是否相等，以判定数据的离散程度是否存在差异。如果方差齐性检验得到的显著性水平小于0.05，就可以拒绝方差相同的假设。

3.4.2　探索性分析结果的图形描述

探索性分析除了能够进行一般的简单数据描述外，还增加了以图形的方式对数据的分布予以直观呈现的功能。这些图形包括茎叶图、直方图、箱图和Q-Q概率图。

（1）茎叶图

茎叶图是用于描述连续变量的一种手法，主要由三部分组成，即频率、茎和叶。其中，茎和叶分别表示数据的整数部分和小数部分。茎对应观测值的十位数，叶对应观测值的个位数。一个个位数代表一个观测值，每一行的左边的频率就是该行对应的个案数。每个茎叶图的底部还注明茎宽和每叶代表的个案数。数据的值即为茎叶组成的数值再乘以茎宽。茎叶图既保留了数据的频率分布，也保留的原始数据，是探索性分析的常用方法之一，如图3-49所示。

图 3-49

（2）直方图

直方图用于对连续变量数据的表示，将连续变量数据分为若干连续区间，然后计算观测值落在各个区间的频率。和条形图类似，直方图也是以区间作为水平轴，以各个区间的频率作为相应条块的高度来绘制统计图。从直方图中可以非常直观地看到数据的分布状况，如数据分布是否对称、偏左还是偏右、众数是什么，等等，还可以大体判断数据分布是否服从正态分布，如图3-50所示。

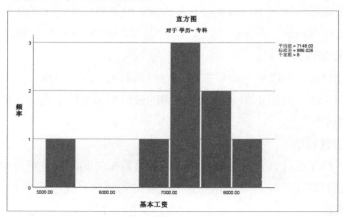

图 3-50

（3）箱图

箱图是表现五数（最小值、最大值、中位数、第一个四分位数、第三个四分位数）的图形形式，其中的矩形为箱图的主体，箱体的上下边线差为箱长，也称为"内四分位限"。箱体部分包含全体数据约50%的数值，箱体的上、中、下三条平行线分别表示

75%、50%（即中位数）和25%分位数。纵贯箱体中间的竖线称为触须线，触须线上下两端的横线代表该组变量数值的最大值（97.5%）和最小值（2.5%）。箱图在比较两个或多个变量时尤其有用，还可以用于判断极端值的存在。如果箱图中有异常值，用"。"表示，如果有极端异常值，则用"*"表示，如图3-51所示。

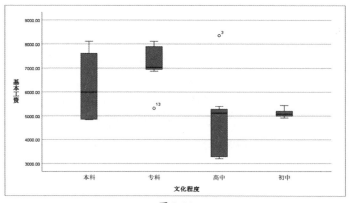

图 3-51

（4）Q-Q概率图

Q-Q概率图是散点图，用于验证数据分布的正态性，其有正态Q-Q概率图和去势（离散）正态Q-Q概率图两种表现形式。正态Q-Q概率图如图3-52所示，是以变量的观测值为XZ轴、以期望值的正态分布为Y轴组成的图形。图形中还有一条直线作为理论的正态累积概率分布线，该直线的斜率为标准差，截距为平均值。如果构成实际概率分布线的散点大致呈直线，且均匀地分布于理论正态累积概率分布线两侧附近，那么数据的分布就近似呈现正态分布。去势（离散）正态Q-Q概率图如图3-53所示，是以变量的观测值为X轴坐标，以该变量各个观测值的Z分数与正态分布期望值的偏差为纵坐标。水平直线为理论正态累积概率分布线，若散点均匀地分布在该线上下，甚至在线上，说明该点符合正态分布。图3-52和图3-53中的散点都较为均匀地分布于理论正态累积概率分布线上下两侧，说明男生的英语成绩基本呈正态分布状态。

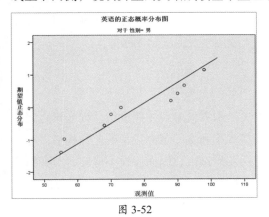

图 3-52

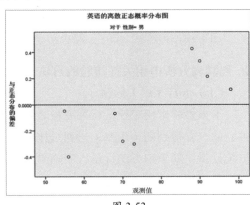

图 3-53

73

3.5 列联表分析

通过频率分析可以获得单个变量的数据分布状况，但是实际生活中，往往还要对两个或多个分类变量同时进行描述及推断的统计分析。列联表分析可以对多个分类变量进行频率分布分析，并通过"交叉表格"过程输出二维或多维的列联表，同时还可以对非数值型变量进行独立性或相关性检验。

3.5.1 列联表分析概述

列联表是指一个频率对应两个变量的表（一个变量用于对行分类，一个变量用于对列分类）。在实际分析中，除了需要对单个变量的数据分布情况进行分析外，还需要掌握多个变量在不同取值情况下的数据分布情况，从而进一步深入分析变量之间的相互影响和关系，这种分析称为列联表分析，经常用来分析问卷调查的数据。列联表分析可以较好地反映出两个因素之间有无关联性，两个因素与现象之间的相关关系。

1. 数据交叉列联表分析的基本任务

（1）根据收集的样本数据产生二维或多维交叉列联表

列联表是两个或两个以上的变量交叉分组后形成的频率分布表，由表头、行、列、排序、计算和求百分比等部分构成。SPSS列联表分析程序能对两个或多个分类变量进行联合描述，可产生二维甚至 n 维的列联表，并计算相应的行、列合计百分比和行、列汇总指标。

（2）在交叉列联表的基础上对两两变量间是否存在关联性进行检验

列联表的频率分析结果不能直接用来确定行变量和列变量之间的关系及关系的强弱。要想获得变量之间的关联性的信息，仅仅依靠描述统计的数据是不够的，还需借助一些变量间相关程度的统计量和一些非参数检验方法。SPSS提供多种适用于不同类型数据的相关系数的表达式。这些相关性检验的零假设都是行和列变量之间相互独立，不存在显著的相关关系。根据SPSS检验后得出的相伴概率（Concomitant Significance）判断是否存在相关关系。如果相伴概率 $P \leqslant 0.05$，那么拒绝零假设，行列变量之间彼此相关；如果相伴概率 $P > 0.05$，那么接受原假设，行列变量之间彼此独立。

2. 列联表分析中相关性检验的方法

（1）卡方（x^2）检验

卡方检验常用于检验行列变量之间是否相关。卡方检验首先假设行、列变量之间是独立的，并得到期望频率，再通过比较所有期望频率和实际观测频率的差异构造一个卡方统计量，如果卡方统计量大于临界值，则说明差异过大，因而假设不成立，行变量和列变量不相互独立；反之，则认为行、列变量相互独立。卡方检验的计算公式为：

$$\chi^2 = \sum_{i=1}^{r} \sum_{j=1}^{c} \frac{(f_{ij} - f_{ij}^e)^2}{f_{ij}^e}$$

式中f_{ij}和f_{ij}^e分别表示实际观测频率和期望频率，r和c分别代表行、列变量的取值个数。统计量综合了所有实际与期望的差异。因此，统计量的大小可以反映行、列变量的独立性。统计量越大，说明实际与期望频率的差异越大，此时行、列变量独立性越弱，在统计上，统计量近似服从自由度为$(r-1)\times(c-1)$的卡方分布。

SPSS在进行运算之后，会给出相应的相伴概率P值，或者称作"观测到的显著水平"。如果P小于给定的显著性水平临界值，则拒绝原假设，认为变量间不独立；反之，则认为变量间独立。

（2）列联系数

基于卡方检验的相关性测量，常用于名义变量之间的相关系数计算。值的范围为$0\sim1$，其中0表示行变量和列变量之间不相关，而接近1的值表示变量之间的相关度很高。可能的极大值取决于表中的行数和列数。列联系数的计算方法有很多种，最常用的是皮尔逊（Pearson）定义的列联系数，简称C系：

$$C = \sqrt{\frac{\chi^2}{n + \chi^2}}$$

其中，χ^2是列联数据资料的检验统计量；n是样本容量。

当双变量的测量数据被整理成次数分布表后，也可用列联相关系数表示两变量的相关程度。

3.5.2 列联表分析案例

本节使用列联表分析职称和工资之间有无必然相关性。

Step 01 打开"员工信息"数据文件，执行"分析"|"描述统计"|"交叉表"命令，如图3-54所示。

Step 02 打开"交叉表"对话框。将左侧列表框内变量"职称"选入"行"列表框，并将"基本工资"选入"列"列表框，如图3-55所示。"交叉表"对话框下部还有"显示簇状条形图"和"禁止显示表"两个复选框。前者表示显示各个变量不同交叉取值下关于频率分布的柱形图，后者表示不输出列联表的具体表格，而直接显示交叉列联表分析过程中的统计量。如果没有选中统计量，则不产生任何结果，所以，一般情况下，只有在分析行列变量间关系时勾选此复选框。

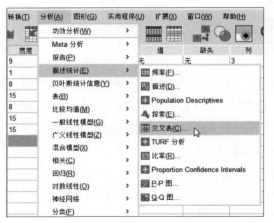

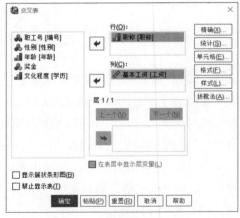

图 3-54　　　　　　　　　　　　　　　　　图 3-55

Step 03 单击图3-55中的"精确"按钮，打开"精确检验"对话框，该对话框提供了三种用于不同条件的检验方式检验行、列变量的相关性，如图3-56所示。用户可任意选择一种检验方式。

Step 04 单击图3-55中的"统计"按钮，打开"交叉表：统计"对话框。选择输出合适的统计检验统计量，如图3-57所示。

图 3-56　　　　　　　　　　　　　　　图 3-57

Step 05 单击图3-55中的"单元格"按钮，打开"交叉表：单元格显示"对话框，对单元格显示内容进行设置，如图3-58所示。

Step 06 单击图3-55中的"格式"按钮，打开"交叉表：表格式"对话框。在该对话框中，可以指定列联表的输出排列顺序。本例选择系统默认的升序排列。完成设置后单击"继续"按钮返回"交叉表"对话框，如图3-59所示。图3-59中各选项的具体含义如下。

● **升序：** 系统默认选项，升序显示各变量值。
● **降序：** 降序显示各变量值。

图 3-58

图 3-59

Step 07 单击图3-55中的"确定"按钮，完成所有设置。在"查看器"窗口输出所有图表。

（1）个案处理摘要表

从图3-60中的个案处理摘要表可以看出，本例列联表分析有效数据为30人，缺失数据为0，符合分析要求。

个案处理摘要

	个案					
	有效		缺失		总计	
	N	百分比	N	百分比	N	百分比
职称 * 基本工资	30	100.0%	0	0.0%	30	100.0%

图 3-60

（2）职称*基本工资交叉表

图3-61中的职称*基本工资交叉表罗列了所有职称在不同基本工资水平上的百分比以及总体上各自的比例。

职称 * 基本工资 交叉表

			基本工资										
			3200.00	3240.00	3280.00	4800.00	4840.00	4880.00	4920.00	4960.00	5000.00	5040.00	5080.00
职称	高级工程师	计数	0	0	0	0	0	0	0	0	0	0	0
		期望计数	.1	.1	.1	.1	.1	.1	.1	.1	.1	.1	.1
		占 职称 的百分比	0.0%	0.0%	0.0%	0.0%	0.0%	0.0%	0.0%	0.0%	0.0%	0.0%	0.0%
		占 基本工资 的百分比	0.0%	0.0%	0.0%	0.0%	0.0%	0.0%	0.0%	0.0%	0.0%	0.0%	0.0%
		占总计的百分比	0.0%	0.0%	0.0%	0.0%	0.0%	0.0%	0.0%	0.0%	0.0%	0.0%	0.0%
	工程师	计数	0	0	0	0	0	0	0	0	0	0	0
		期望计数	.2	.2	.2	.2	.2	.2	.2	.2	.2	.2	.2
		占 职称 的百分比	0.0%	0.0%	0.0%	0.0%	0.0%	0.0%	0.0%	0.0%	0.0%	0.0%	0.0%
		占 基本工资 的百分比	0.0%	0.0%	0.0%	0.0%	0.0%	0.0%	0.0%	0.0%	0.0%	0.0%	0.0%
		占总计的百分比	0.0%	0.0%	0.0%	0.0%	0.0%	0.0%	0.0%	0.0%	0.0%	0.0%	0.0%
	助理工程师	计数	0	0	0	1	1	1	1	1	1	1	1
		期望计数	.6	.6	.6	.6	.6	.6	.6	.6	.6	.6	.6
		占 职称 的百分比	0.0%	0.0%	0.0%	5.9%	5.9%	5.9%	5.9%	5.9%	5.9%	5.9%	5.9%
		占 基本工资 的百分比	0.0%	0.0%	0.0%	100.0%	100.0%	100.0%	100.0%	100.0%	100.0%	100.0%	100.0%
		占总计的百分比	0.0%	0.0%	0.0%	3.3%	3.3%	3.3%	3.3%	3.3%	3.3%	3.3%	3.3%
	无技术职称	计数	1	1	1	0	0	0	0	0	0	0	0
		期望计数	.1	.1	.1	.1	.1	.1	.1	.1	.1	.1	.1
		占 职称 的百分比	33.3%	33.3%	33.3%	0.0%	0.0%	0.0%	0.0%	0.0%	0.0%	0.0%	0.0%
		占 基本工资 的百分比	100.0%	100.0%	100.0%	0.0%	0.0%	0.0%	0.0%	0.0%	0.0%	0.0%	0.0%
		占总计的百分比	3.3%	3.3%	3.3%	0.0%	0.0%	0.0%	0.0%	0.0%	0.0%	0.0%	0.0%
总计		计数	1	1	1	1	1	1	1	1	1	1	1
		期望计数	1.0	1.0	1.0	1.0	1.0	1.0	1.0	1.0	1.0	1.0	1.0
		占 职称 的百分比	3.3%	3.3%	3.3%	3.3%	3.3%	3.3%	3.3%	3.3%	3.3%	3.3%	3.3%
		占 基本工资 的百分比	100.0%	100.0%	100.0%	100.0%	100.0%	100.0%	100.0%	100.0%	100.0%	100.0%	100.0%
		占总计的百分比	3.3%	3.3%	3.3%	3.3%	3.3%	3.3%	3.3%	3.3%	3.3%	3.3%	3.3%

图 3-61

（3）卡方检验表

图3-62中的卡方检验表给出了各种统计量的值和相应的渐进显著性P值。其中线性关联的P值小于0.05，达到了显著水平，表明职称和基本工资之间存在显著相关性。

（4）对称测量表

图3-63中的对称测量表的分析结果也有效地支持了卡方检验的结果，即职称和基本工资之间存在很强的显著性。

卡方检验			
	值	自由度	渐进显著性（双侧）
皮尔逊卡方	90.000ᵃ	78	.166
似然比	67.316	78	.801
线性关联	27.358	1	<.001
有效个案数	30		

a. 108个单元格（100.0%）的期望计数小于5。最小期望计数为 .10。

图 3-62

对称测量					
		值	渐近标准误差ᵃ	近似 Tᵇ	渐进显著性
区间到区间	皮尔逊 R	-.971	.010	-21.602	<.001ᶜ
有序到有序	斯皮尔曼相关性	-.897	.044	-10.755	<.001ᶜ
有效个案数		30			

a. 未假定原假设。

b. 在假定原假设的情况下使用渐近标准误差。

c. 基于正态近似。

图 3-63

案例实战：使用探索性分析生成男女体重差异报告

本案例对训练前后男生和女生的体重变化进行探索性分析，以了解男生和女生在体重上的数据分布情况。

1. 具体操作过程

Step 01 打开"训练前后男女体重检测"数据文件，执行"分析"|"描述统计"|"探索"命令，如图3-64所示。

Step 02 打开"探索"对话框。将左侧列表框中的变量"训练前体重"和"训练后体重"选入"因变量列表"列表框。选择"性别"，将其选入"因子列表"列表框，另外该对话框还有"个案标注依据"列表框，用于选择某一变量来对个案进行区分和标注，如图3-65所示。

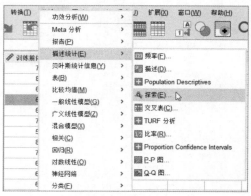

图 3-64

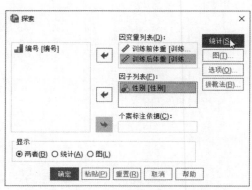

图 3-65

Step 03 单击图3-65中的"统计"按钮，打开"探索：统计"对话框。勾选"描述""M-估计量"和"离群值"复选框。单击"继续"按钮返回"探索"对话框，如图3-66所示。

Step 04 单击图3-65中的"图"按钮，打开"探索：图"对话框。该对话框包含"箱图""描述图"和"含莱文检验的分布-水平图"三个选项组，以及"含检验的正态图"复选框。本例选中"因子级别并置"和"无"单选按钮，并勾选"茎叶图""直方图""含检验的正态图"复选框。单击"继续"按钮返回"探索"对话框，如图3-67所示。

Step 05 单击图3-65中的"选项"按钮，打开"探索：选项"对话框。程序默认选中"成列排除个案"单选按钮，单击"继续"按钮返回"探索"对话框，如图3-68所示。

图 3-66

图 3-67

图 3-68

"探索：选项"对话框中各选项的含义如下。

- **成列排除个案**：从所有分析中排除任何因变量或因子变量具有缺失值的个案，这是默认选项。
- **成对排除个案**：在该组的分析中包含组（单元格）中变量不具有缺失值的个案。该个案可能在其他组中使用的变量中有缺失值。
- **报告值**：因子变量的缺失值被视为单独的类别，而在结果中生成一个附加类别。

Step 06 单击图3-65中的"确定"按钮完成操作，"查看器"窗口输出分析报告。

2. 报告解读

（1）个案处理摘要

从图3-69所示的个案处理摘要可以看出，本次探索分析有效数据为，训练前男生24人、女生27人，训练后男生24人、女生27人，无数据缺失。

个案处理摘要

	性别	个案					
		有效		缺失		总计	
		个案数	百分比	个案数	百分比	个案数	百分比
训练前体重	男	24	100.0%	0	0.0%	24	100.0%
	女	27	100.0%	0	0.0%	27	100.0%
训练后体重	男	24	100.0%	0	0.0%	24	100.0%
	女	27	100.0%	0	0.0%	27	100.0%

图 3-69

（2）描述性统计数据

如图3-70所示的男生和女生训练前体重的平均值分别为77.458和65.741，中位数分别为78.00和66.00，标准偏差分别为4.1701和3.7987，说明受试者的体重离散程度稍高。双方的最大值和最小值的差距，即范围较大，也说明了数据的离散程度稍高。图3-71为男生和女生训练后体重的各项统计描述。

描述

性别				统计	标准 错误
训练前体重	男	平均值		77.458	.8512
		平均值的 95% 置信区间	下限	75.697	
			上限	79.219	
		5% 剪除后平均值		77.815	
		中位数		78.000	
		方差		17.389	
		标准 偏差		4.1701	
		最小值		64.0	
		最大值		84.0	
		全距		20.0	
		四分位距		4.5	
		偏度		-1.684	.472
		峰度		3.910	.918
	女	平均值		65.741	.7311
		平均值的 95% 置信区间	下限	64.238	
			上限	67.243	
		5% 剪除后平均值		65.479	
		中位数		66.000	
		方差		14.430	
		标准 偏差		3.7987	
		最小值		59.0	
		最大值		79.0	
		全距		20.0	
		四分位距		3.0	
		偏度		1.316	.448
		峰度		5.101	.872

图 3-70

				统计	标准 错误
训练后体重	男	平均值		75.438	.8488
		平均值的 95% 置信区间	下限	73.682	
			上限	77.193	
		5% 剪除后平均值		75.718	
		中位数		76.000	
		方差		17.289	
		标准 偏差		4.1581	
		最小值		65.0	
		最大值		81.0	
		全距		16.0	
		四分位距		4.8	
		偏度		-1.344	.472
		峰度		1.694	.918
	女	平均值		63.111	.6368
		平均值的 95% 置信区间	下限	61.802	
			上限	64.420	
		5% 剪除后平均值		62.807	
		中位数		63.000	
		方差		10.949	
		标准 偏差		3.3089	
		最小值		58.0	
		最大值		75.0	
		全距		17.0	
		四分位距		4.0	
		偏度		1.738	.448
		峰度		5.487	.872

图 3-71

（3）M-估计量表

图3-72中有a、b、c、d四种加权常量，该表的结果是使用这四种加权常量计算出的M-估计量。通过比较男生和女生的M-估计量，可以判定男生和女生的体重差异较大。

M-估计量

	性别	休伯 M 估计量[a]	图基双权[b]	汉佩尔 M 估计量[c]	安德鲁波[d]
训练前体重	男	78.190	78.527	78.232	78.546
	女	65.763	65.960	65.843	65.970
训练后体重	男	76.190	76.617	76.307	76.615
	女	62.808	62.719	62.712	62.719

a. 加权常量为 1.339。
b. 加权常量为 4.685。
c. 加权常量为 1.700、3.400 和 8.500。
d. 加权常量为 1.340*pi。

图 3-72

（4）最值

图3-73和图3-74分别列出了5个男生和5个女生体重的最大值和最小值，从中可以看出最大值和最小值的差异。

极值				个案号	值
性别					
训练前体重	男	最高	1	2	84.0
			2	38	81.0
			3	48	81.0
			4	8	80.0
			5	13	80.0[a]
		最小值	1	12	64.0
			2	20	70.0
			3	1	72.0
			4	23	75.0
			5	14	75.0[b]
	女	最高	1	17	79.0
			2	39	71.0
			3	22	68.0
			4	35	68.0
			5	36	68.0[c]
		最小值	1	7	59.0
			2	27	60.0
			3	19	60.0
			4	31	62.0
			5	30	62.0

图 3-73

训练后体重	男	最高	1	13	81.0
			2	2	80.0
			3	6	79.0
			4	18	79.0
			5	28	79.0[d]
		最小值	1	20	65.0
			2	12	65.0
			3	1	70.0
			4	23	71.0
			5	47	74.0[e]
	女	最高	1	17	75.0
			2	39	68.0
			3	5	66.0
			4	11	65.0
			5	22	65.0[f]
		最小值	1	7	58.0
			2	34	60.0
			3	27	60.0
			4	19	60.0
			5	15	60.0[g]

a. 在较大极值的表中，仅显示了不完整的个案列表（这些个案的值为80.0）。

b. 在较大极值的表中，仅显示了不完整的个案列表（这些个案的值为75.0）。

c. 在较大极值的表中，仅显示了不完整的个案列表（这些个案的值为68.0）。

d. 在较大极值的表中，仅显示了不完整的个案列表（这些个案的值为79.0）。

e. 在较大极值的表中，仅显示了不完整的个案列表（这些个案的值为74.0）。

f. 在较大极值的表中，仅显示了不完整的个案列表（这些个案的值为65.0）。

g. 在较小极值的表中，仅显示了不完整的个案列表（这些个案的值为60.0）。

图 3-74

（5）正态性检验

图3-75所示提供了"柯尔莫戈洛夫-斯米诺夫"和"夏皮洛-威尔克"两种正态性检验的统计量。如果统计量的显著性概率值$P>0.05$，未达到0.05的显著水平，则接受正态分布的虚无假设，数据分布呈正态；反之，如果$P<0.05$，达到0.05的显著水平，则拒绝正态分布的虚无假设，数据分布违反正态性。在正态性假设检验中，如果观测值的总数为大样本，一般采用"柯尔莫戈洛夫-斯米诺夫"统计量检验，反之则用"夏皮洛-威尔克"统计量检验。本例参考"柯尔莫戈洛夫-斯米诺夫"统计量检验的结果：训练前的男生和女生体重显著性概率值均小于0.05，拒绝虚无假设。而训练后男生和女生的体重均大于0.05，接受虚无假设，表明训练后体重的分布呈现正态分布。

正态性检验		柯尔莫戈洛夫-斯米诺夫[a]			夏皮洛-威尔克		
	性别	统计	自由度	显著性	统计	自由度	显著性
训练前体重	男	.218	24	.004	.842	24	.002
	女	.214	27	.003	.848	27	.001
训练后体重	男	.198	24	.016	.869	24	.005
	女	.173	27	.037	.848	27	.001

a. 里利氏显著性修正

图 3-75

（6）体重直方图

图3-76和图3-77是男生训练前后的体重直方图。从二者的比较可以看出，训练后的平均体重低于训练前的平均体重，训练后数据分布整体呈左偏移趋势，分布呈正态性。图3-78和图3-79是女生训练前后的体重直方图。经过对比可以发现，训练后体重的平均值低于训练前，且标准差更小。

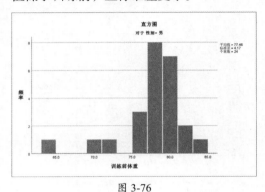

图 3-76

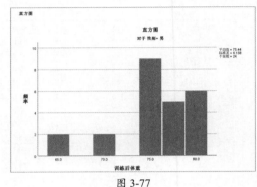

图 3-77

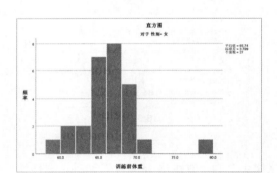

图 3-78

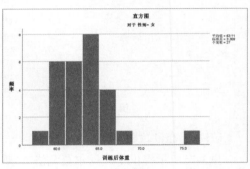

图 3-79

（7）体重茎叶图

图3-80和图3-81分别为男生训练前和训练后体重茎叶图。主干宽度均为10.0，每片叶代表一个个案。由于茎叶图保留了原始数据，因此可以将其看作一种变形的、被放倒的直方图，从中可以大概看出数据的分布是否呈正态。图3-82和图3-83为女生训练前、后体重茎叶图。在这两张图中分别出现了2个(≥71.0)，以及1个(≥75)的极值。

图 3-80　　　　　　图 3-81　　　　　　图 3-82　　　　　　图 3-83

（8）体重正态Q-Q概率图

图3-84～图3-87分别为男生和女生训练前、后体重正态Q-Q概率图。可以看出，女生训练前后体重数据所组成的实际概率分布线与理论正态累积概率直线重合度更高，呈现较好的正态性，同时也看到，有1个数值明显远离理论正态累积概率直线，故判断为异常值。相较而言，男生组的实际概率分布线重合度要低一些，因而数据分布略呈偏态。这一结论也可以由随后的训练前、后体重的去势正态Q-Q概率图加以佐证。

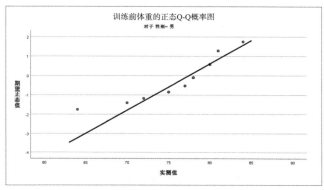

图 3-84

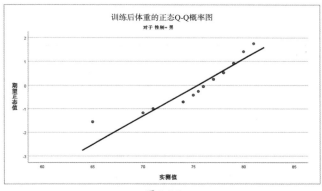

图 3-85

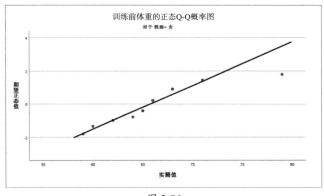

图 3-86

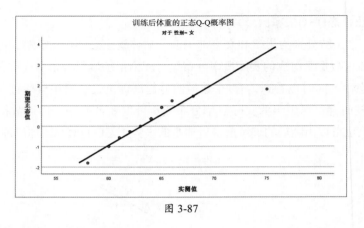

图 3-87

（9）去势正态Q-Q概率图

图3-88~图3-91是训练前、后体重的去势正态Q-Q概率图，在男生体重去势正态Q-Q概率图中，有较多的数值远离中间的直线而使整体数据分布呈现偏态；相反，女生体重去势正态Q-Q概率图中则有较多的数据分布于直线附近，所以女生体重分布更趋正态，但是仍然有1个数值远远脱离了理论正态累积概率直线而成为异常值。

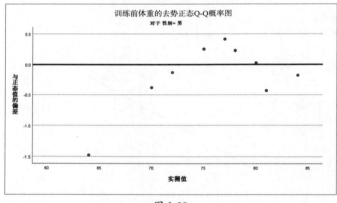

图 3-88

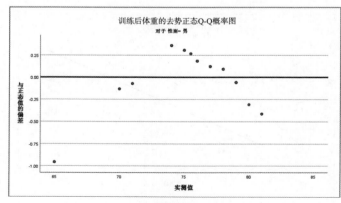

图 3-89

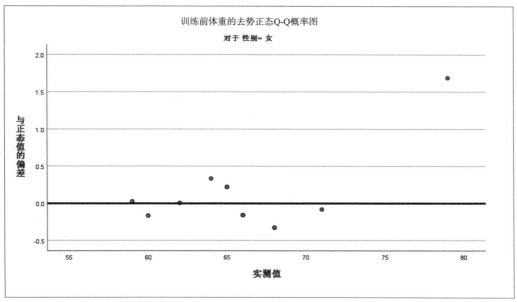

图 3-90

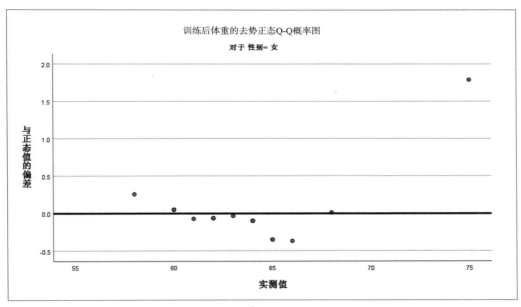

图 3-91

（10）箱图

在如图3-92和图3-93所示的箱图中可以清楚地看出男生、女生在训练前、后体重数据分布的对比情况。训练前二者的中位数基本位于箱图的中间，但训练后女性的中位数明显偏高，且训练前、后女性最大值和最小值差距较大。

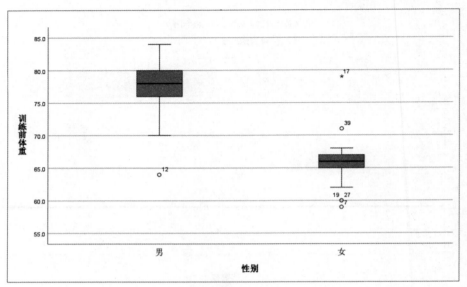

图 3-92

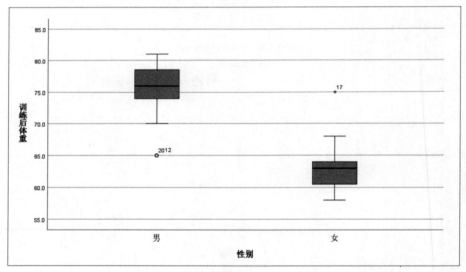

图 3-93

第4章
假设检验

  常用统计方法分为描述统计和假设检验两大类，二者最大的区别在于描述统计仅仅针对样本数据进行处理；而假设检验则要从样本数据出发推断其总体性质，即随机从总体中抽取一定数量的样本进行研究，来推断总体的特征，用样本的均值来估计总体的均值。当用户通过样本的均值对总体的均值进行对比时，必须进行样本均值的 t 检验。前面章节详细介绍了对数据进行描述的具体方法。本章重点介绍参数假设检验的基本概念与原理，并对单样本 t 检验、独立样本 t 检验以及配对样本 t 检验方法进行介绍。

4.1 假设检验的原理

假设检验法是根据样本数据来推断总体特征的方法。所谓总体是指要研究的对象的整体；而样本则是为了研究总体的性质从总体中选取的部分。根据是否采用随机原则，可以将样本分为随机样本和非随机样本。统计学基本都是以随机样本为研究对象。根据随机抽取的原则，每个总体单位都有同等被抽中的可能，因而样本取值的分布应该和总体的分布相当。通常在以下两种情况下利用样本数据对总体特征进行假设检验。

首先，总体分布为已知（如总体为正态分布），根据样本数据对总体分布的统计参数（如均值、方差等）进行假设。这类假设通常采用参数检验的方法来实现，其不仅可以对总体参数进行假设，还可以对两个或多个总体参数进行比较。

其次，总体分布为未知，根据样本数据对总体分布的形式或特征进行假设。此时通常采用的假设统计方式是非参数检验。

对正态分布的总体参数的检验一般可以通过参数的假设检验和参数估计的方式来实现。本章主要介绍假设检验的方法。

4.1.1 假设检验类型

由于总体中的个体间存在差异，即使严格遵守随机抽取的原则，样本统计数与总体参数之间也会存在偏差。因此，在用样本均值估计总体均值时，或判断两个均值不等的样本是否来自均值不同的总体时，就必须进行均值比较假设检验。

均值的假设检验一般包括三种类型：一是单样本 t 检验，这是用样本的均值对总体均值的假设进行检验的方法；二是独立样本 t 检验，这是用两个样本的均值之差的大小来检验对应的两个总体的均值是否相等的方法；三是配对样本 t 检验，这是通过对配对样本的两次测量结果差异的大小，来检验两个总体的差异是否显著的方法。

4.1.2 假设检验的基本内涵

假设检验是指先对总体的参数（或分布形式）提出某种假设，然后利用样本信息判断假设是否成立，并对假设给予接受或拒绝的过程。统计学上有两种假设：虚无假设（null hypothesis）或叫作零假设，记作 H_0；备择假设（alternative hypothesis）或叫作对立假设，记作 H_1。H_0 就是假设变量间无差异或不相关，H_1 是研究者提出的与 H_0 相反的研究假设。

在统计学中无法对 H_1 进行直接检验，但可以对 H_0 进行直接检验。假设检验的任务就是先假设 H_0 为真，然后在此前提下，如果有不合理的现象发生则说明假设 H0 是错误的，即 H_0 为真这一假设不成立，要被拒绝。由此，如果 H_0 为假，就要拒绝，并接受 H_1，此时研究者的假设成立；如果 H_0 为真，就要接受，并拒绝 H_1，此时研究者的假设不成立。这在统计学上被称为"反证法"，其理论依据是小概率事件。小概率事件是指发生概率接近0的事件，是在一次特定的试验中几乎不可能发生的事件。如果在一次试验中小概率事件一旦发生，那么就有理由怀疑原假设的正确性而将其拒绝。

以"虚无假设为真"为前提计算出的小概率事件的概率值（或可能性）称为P值。一般将P值确定为不超过$\alpha=0.05$的显著性水平值。如果小概率事件发生了，即$P<\alpha$，则表明样本不支持虚无假设，即拒绝H_0，此时的假设检验结果为显著；如果该事件发生的概率较大，即$P>\alpha$，则接受H_0，此时的假设检验结果为不显著。

根据是否强调检验的方向性，假设检验可分为单尾检验和双尾检验。双尾检验只关心两个总体参数之间是否有差异存在，而不关心谁大谁小。而单尾检验则强调差异的方向性，即关心研究对象高于还是低于某一总体水平。在实际统计中，要根据研究目的和假设来选择单尾还是双尾检验。如果假设中有一个参数和另一个参数的方向性比较，如"大于""多于""差于"等，一般选择单尾检验；如果只是检验两个参数之间是否有差异，则选择双尾检验。

4.1.3　假设检验的基本步骤

依据假设检验的基本原理，假设检验过程可分为四个步骤进行。

1. 提出假设

根据研究目的，提出相应的虚无假设H_0和研究假设H_1，选择使用单尾还是双尾检验。

2. 选择检验统计量

根据虚无假设H_0所提供的前提条件，选择合适的检验统计量，如z统计量、t统计量等。

3. 计算概率值

根据统计量的分布，计算样本观测值所对应的统计量观测值发生的概率值。人们习惯将这个计算出的概率值称为"P值"或者"观测到的显著性水平"。

4. 做出判断

给出显著性水平α，并做出判断。根据具体问题确定显著性水平α，将P值和α做比较，作出判断。如果$P<\alpha$，此时要拒绝原假设，即总体均值与检验值之间有明显差异；相反，就不能拒绝原假设，即总体均值与检验值之间无明显差异。

4.2　单样本t检验

　　统计学的很多理论都是基于大样本的。对于大样本，并没有统一的标准，一般认为样本量在25左右，有的书中30以上便可以认为是大样本。单样本t检验就是利用来自某总体的样本数据，推断该总体的均值和指定的检验值之间是否存在显著差异的科学统计方法，是对总体均值的假设检验，检验的前提是总体服从正态分布。

4.2.1　单样本t检验原理

　　当确定均值的总体的条件不同时，如总体的分布是否正态以及总体方差是否已知，所采用的单样本t检验的方式有所不同。当总体正态分布且方差已知，运用z检验的方式进行假设检验；当总体正态分布但方差未知，则运用t检验。当总体非正态分布，一般采用非参数检验而不能运用z检验和t检验，也可以通过将非正态数据转换为正态形式，再使用z检验的方式来进行假设检验。由于z检验的要求较高，在实际的SPSS数据处理中，通常只运用t检验进行假设检验。

4.2.2　单样本t检验案例详解

　　本节通过单样本t检验来分析"初中生学习压力调查"的每个项目上的平均得分与理论平均水平之间有无明显差异，以此来推断学生整体学习压力状况。由于该量表为5级量表，因此每个项目的理论平均分假定为3。

1. 具体操作过程

　　Step 01 打开"初中生学习压力调查"数据文件，执行菜单栏中的"分析"|"比较均值"|"单样本t检验"命令，如图4-1所示。

　　Step 02 打开"单样本t检验"对话框。选择变量列表框中所有问答题，并将其选入"检验变量"列表框。在"检验值"文本框内输入检验值3，如图4-2所示。

图 4-1

　　Step 03 单击"选项"按钮，打开"单样本t检验：选项"对话框，如图4-3所示，设置"置信区间百分比"和"缺失值"。

图 4-2

图 4-3

"单样本t检验：选项"对话框中各选项的含义如下。

（1）置信区间百分比

用于显示平均值与假设检验值之差的置信区间百分比，默认为95%，研究者也可以自行设置1～99的数值为置信度。本例使用默认值。

（2）缺失值

该选项组给出两种缺失值的处理方式。

- **按具体分析排除个案**：表示对每个检验只使用有效样本，因此检验的样本个数可能有所不同。该选项为默认设置，本例使用默认设置。
- **成列排除个案**：表示仅对所有的检验变量均为有效值的样本进行分析，所有检验的样本数相同。

2. 结果分析

图4-4所示为单样本描述性统计量表。该表呈现了本次单样本t检验的描述性统计量的值，包括参与统计的单个样本的个案数（N）、均值、标准差和标准误差平均值。本例中每个样本的参与个案数均为84，即本次调查的每一项均有84个有效参与个案。但是从表中数据可以看出，84个有效个案在调查表的每个项目上的均值各有不同，因此每个样本的标准偏差和标准误差平均值也有所差异。

单样本统计

	N	均值	标准差	标准误差平均值
担心因为考试不及格带来的后果	84	1.85	1.114	.122
听不懂老师所讲时会很不自在	84	2.17	1.062	.116
对学习准备得很充分,还是感到焦虑	84	2.95	1.171	.128
一直在想其他同学的成绩比自己好	84	2.68	1.234	.135
老师爱纠正我错误时很害怕	84	3.50	1.156	.126
没听懂老师讲课内容会感到害怕	84	2.83	1.139	.124
不明白为什么有些人对学习这么害怕·	84	2.94	1.264	.138
对课上的一些小测验感到紧张	84	2.77	1.165	.127
希望最好不用去上课	84	3.060	1.3912	.1527
上课使我感到烦恼	84	3.05	1.260	.137
上课使我感到紧张和不安	84	3.26	1.152	.126
上课时在想一些和课堂内容无关的事	84	2.73	1.112	.121
去上课的路上感到很轻松	84	3.18	1.020	.111
那么多要求背诵的内容使人害怕	84	2.88	1.176	.128
在课上发言很自信	84	3.14	1.132	.123
未做好准备觉得有压力	84	3.04	1.145	.125
考试准备得越多越觉得没底	84	3.29	1.168	.127
如果学习不好担心别的同学取笑	84	2.93	1.170	.128
觉得其他同学的成绩比自己好	84	2.60	1.121	.122
老师点到名字时感到心跳得很厉害	84	2.85	1.177	.128
课上老师叫我时会发抖	84	3.41	1.169	.128
课上做没有准备的发言时感到恐惧	84	2.64	1.158	.126
老师问事先没有准备的问题时感到紧张	84	2.50	1.092	.119
课上不愿自愿发言	84	2.15	.988	.108
课上发言时感到紧张不安	84	3.05	1.221	.133
课上很紧张以致知道的东西都忘了	84	2.65	1.237	.135
课程进度很快,担心跟不上	84	3.07	1.149	.125
听不懂老师说什么感到很不安	84	2.86	1.153	.126

图 4-4

图4-5所示为单样本 t 检验结果报表。该表呈现的是本次单样本 t 检验的结果报表，包括每个变量的 t 值、自由度、双尾 t 检验的显著性概率、平均差和差值的95%置信区间。从图4-5可以看出，中学生学习压力量表的多个项目的 t 检验显著性概率 P 值小于0.05，拒绝虚无假设，即在很多项目上该班同学的感受与理论上的总体感受差异明显。例如"担心因为考试不及格带来的后果""听不懂老师所讲时会很不自在"等其单侧 $P<0.01$、双侧 $P<0.01$。而且这些项目的 t 值为负，说明在这些项目上该班同学的均值明显低于检验值。这些异常项目也正是中学生学习压力的集中表现形式。在该量表的其他一些项目上该班的表现与均值3没有显著差异。

单样本检验

	t	自由度	显著性		平均值差值	差值 95% 置信区间	
			单侧 P	双侧 P		下限	上限
担心因为考试不及格带来的后果	-9.501	83	<.001	<.001	-1.155	-1.40	-.91
听不懂老师所讲时会很不自在	-7.190	83	<.001	<.001	-.833	-1.06	-.60
对学习准备得很充分,还是感到焦虑	-.373	83	.355	.710	-.048	-.30	.21
一直在想其他同学的成绩比自己好	-2.388	83	.010	.019	-.321	-.59	-.05
老师要纠正我错误时很害怕	3.963	83	<.001	<.001	.500	.25	.75
没听懂老师讲课内容会感到害怕	-1.341	83	.092	.184	-.167	-.41	.08
不明白为什么有些人对学习这么害怕	-.431	83	.334	.667	-.060	-.33	.21
对课上的一些小测验感到紧张	-1.779	83	.039	.079	-.226	-.48	.03
希望最好不用去上课	.395	82	.347	.694	.0602	-.244	.364
上课使我感到烦恼	.346	83	.365	.730	.048	-.23	.32
上课使我感到紧张和不安	2.083	83	.020	.040	.262	.01	.51
上课时在想一些和课堂内容无关的事	-2.256	83	.013	.027	-.274	-.52	-.03
去上课的路上感到很轻松	1.605	83	.056	.112	.179	-.04	.40
那么多要求背诵的内容使人害怕	-.928	83	.178	.356	-.119	-.37	.14
在课上发言很自信	1.157	83	.125	.251	.143	-.10	.39
未做好准备觉得有压力	.286	83	.388	.776	.036	-.21	.28
考试准备得越多越觉得没底	2.243	83	.014	.028	.286	.03	.54
如果学习不好担心别的同学取笑	-.560	83	.289	.577	-.071	-.33	.18
觉得其他同学的成绩比自己好	-3.310	83	<.001	.001	-.405	-.65	-.16
老师点到名字时感到心跳得很厉害	-1.205	83	.116	.232	-.155	-.41	.10
课上老师叫我时会发抖	3.192	82	.001	.002	.410	.15	.66
课上做没有准备的发言时感到恐惧	-2.827	83	.003	.006	-.357	-.61	-.11
老师问事先没有准备的问题时感到紧张	-4.196	83	<.001	<.001	-.500	-.74	-.26
课上不愿自愿发言	-7.842	83	<.001	<.001	-.845	-1.06	-.63
上台发言时感到紧张不安	.357	83	.361	.722	.048	-.22	.31
课上很紧张以致知道的东西都忘了	-2.558	83	.006	.012	-.345	-.61	-.08
课程进度很快,担心跟不上	.570	83	.285	.570	.071	-.18	.32
听不懂老师说什么感到很不安	-1.136	83	.130	.259	-.143	-.39	.11

图 4-5

4.3　独立样本 *t* 检验

独立样本 *t* 检验用于检验两个独立样本是否来自具有相同均值的总体，相当于检验两个独立正态总体的均值是否相等。此检验的前提条件是两个总体的分布都是正态，并且两个总体是相互独立的。所谓两个独立样本，是指两个样本来自的总体相互独立，并各自接受相同的测量。独立样本 *t* 检验的目的在于分析两个独立样本的均值是否有明显的统计差异。

4.3.1　独立样本 *t* 检验原理

两个独立样本 *t* 检验的虚无假设 H_0 为两个总体均值之间不存在显著差异。该检验在具体计算中需要分两步来完成。

第一步是利用 *F* 值检验进行两总体方差的同质性判断。

第二步是根据对方差同质性的判断，决定 *t* 统计量和自由度计算公式，进而对 *t* 检验的结果给予恰当的断定。

1. 方差同质性检验

SPSS利用方差齐性检验法的 *F* 值检验来判断两总体的方差是否同质。首先计算两个样本的均值，计算每个样本和本组样本的均值的差，并对该差取绝对值，得到两组绝对值差值序列；然后利用单因素方差分析方法，判断这两组绝对值差值序列之间是否存在显著差异，即判断平均离差是否存在显著差异，从而间接判断两组方差是否存在显著差异。

在统计过程中，SPSS将自动计算 *F* 值，并将 *F* 值给出的统计量对应的显著性概率 *P* 值和显著性水平进行比较，从而判断方差是否为同质。

2. 根据方差同质性判断，确定 *t* 统计量和自由度计算公式

（1）两总体方差未知且同质的情况下，*t* 统计量计算公式为：

$$t = \frac{\overline{X} - \overline{Y} - (\mu_1 - \mu_2)}{S_p / \sqrt{n}}$$

$$S_p^2 = \frac{\sum_{i=1}^{n_1}(X_i - \overline{X})^2 + \sum_{j=1}^{n_2}(Y_j - \overline{Y})^2}{n_1 + n_2 - 1} = \frac{(n_1 - 1)S_1^2 + (n_2 - 1)S_2^2}{n_1 + n_2 - 1}$$

其中，μ_1 是总体 *X* 的均值，μ_2 是总体 *Y* 的均值，n_1、n_2 分别代表两个独立样本的样本数，S_1^2、S_2^2 分别代表两个总体的修正样本方差。

这里的 *t* 统计量服从 $n_1 + n_2 - 2$ 个自由度的 *t* 分布。

（2）两总体方差未知且不同质的情况下，独立样本均值差的方差定义为：

$$S_{12}^2 = \frac{S_1^2}{n_1} + \frac{S_2^2}{n_2}$$

t统计量计算公式为：

$$t = \frac{\bar{X} - \bar{Y} - (\mu_1 - \mu_2)}{S_{12}}$$

此时的t统计量仍服从t分布，但自由度采用修正自由度，修正自由度f的定义为：

$$f = \frac{\left(\dfrac{S_1^2}{n_1} + \dfrac{S_2^2}{n_2}\right)^2}{\dfrac{\left(\dfrac{S_1^2}{n_1}\right)^2}{n_1} + \dfrac{\left(\dfrac{S_2^2}{n_2}\right)^2}{n_2}}$$

由此可见，在进行两独立样本t检验时，两总体的方差是否同质决定着t统计量的计算公式。从两种情况下的t统计量计算公式可以看出：如果待检验的两样本均值差异较小，t值较小，则说明两个样本的均值不存在显著差异；相反，t值越大，说明两样本的均值存在显著差异。

SPSS将会根据计算的t值和t分布表给出相应的显著性概率值。如果显著性概率值P小于或等于显著性水平α，则拒绝H_0，认为两总体均值之间存在显著差异。相反，显著性概率值P大于显著性水平α，则不拒绝H_0，可以认为两总体均值之间不存在显著差异。

综合上述，独立样本t检验的判断流程如图4-6所示。

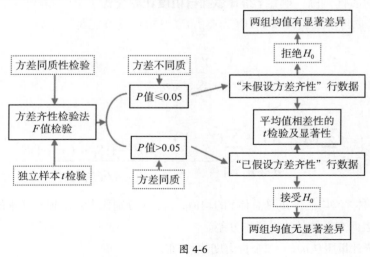

图 4-6

4.3.2 独立样本*t*检验案例详解

在4.2节的单样本*t*检验中，通过分析输出结果获得了初中生学习压力集中表现在几个项目上，即"担心因为考试不及格带来的后果""听不懂老师所讲时会很不自在""老师问事先没有准备的问题时感到紧张"和"课上不愿自愿发言"。在本节的独立样本*t*检验中，将尝试分析在这些压力项目上男生和女生有无显著差异。

1. 具体操作过程

Step 01 打开数据文件，执行菜单栏中的"分析"|"比较均值"|"独立样本t检验"命令，如图4-7所示。

Step 02 打开"独立样本t检验"对话框。选择变量列表框中的变量"担心因为考试不及格带来的后果""听不懂老师所讲时会很不自在""老师问事先没有准备的问题时感到紧张"以及"课上不愿自愿发言"。将这些变量依次选入"检验变量"列表框，如图4-8所示。

图 4-7

图 4-8

Step 03 选择变量列表框中的"性别"变量，将其选入"分组变量"列表框，随后单击"定义组"按钮，如图4-9所示。

Step 04 打开"定义组"对话框。该对话框包括两个单选按钮，分别对应两种定义分组变量的方式，设置完毕后，单击"继续"按钮返回上一级对话框，如图4-10所示。

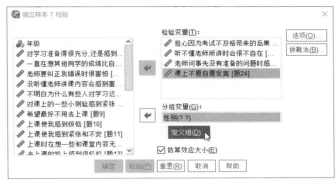

图 4-9

图 4-10

"定义组"对话框中各选项的含义介绍如下。

● **使用指定的值：** 这是系统默认的设置。当分组变量有两个水平时，一般选择该默认设置。如本例选择默认设置，将"组1"指定为1，代表女生；"组2"指定为2，代表男生。

● **分割点：** 当变量有3个以上的水平时，一般选择该设置。在"分割点"文本框中输入一个数值，系统将自动将全部数据分为小于分割点数值和大于分割点数值的两组，然后进行两个独立样本t检验。

Step 05 "分组变量"列表中的"性别（？？）"将显示为"性别（1 2）"。单击"选项"按钮，如图4-11所示。

Step 06 打开"独立样本t检验：选项"对话框，设置"置信区间百分比"和"缺失值"。设置完成后，单击"继续"按钮返回上一级对话框，如图4-12所示。单击"确定"按钮，输出分析结果。

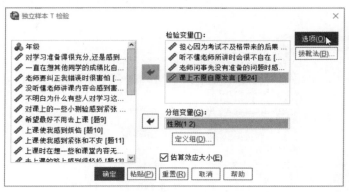

图 4-11　　　　　　　　　　　　　　　　　图 4-12

2. 结果分析

（1）独立样本t检验描述性统计量表

结果如图4-13所示，该表分别给出了分组变量的简单描述性统计量，包括参与检验数据的个案数（N）、均值、标准差和标准误差平均值。对于各项目的检验，有效样本均为女生34位、男生50位。他们在各项目的平均值各有不同："担心因为考试不及格带来的后果"上女生和男生的平均值分别为2.12和1.66，"听不懂老师所讲时会很不自在"上女生和男生的平均值分别为2.06和2.24，"老师问事先没有准备的问题时感到紧张"上女生和男生的平均值分别为2.41和2.56，"课上不愿自愿发言"上女生和男生的平均值分别为2.12和2.18。两组之间的平均值的差异必须经过t检验才能确定这种差异是否达到显著水平，若t检验的结果未达到显著水平，那这种组间差异就没有统计学意义，因为有可能是抽样误差或偶然因素造成的。

组统计

	性别	N	均值	标准差	标准误差平均值
担心因为考试不及格带来的后果	女生	34	2.12	1.274	.218
	男生	50	1.66	.961	.136
听不懂老师所讲时会很不自在	女生	34	2.06	1.127	.193
	男生	50	2.24	1.021	.144
老师问事先没有准备的问题时感到紧张	女生	34	2.41	1.131	.194
	男生	50	2.56	1.072	.152
课上不愿自愿发言	女生	34	2.12	.977	.168
	男生	50	2.18	1.004	.142

图 4-13

（2）独立样本 t 检验结果报表

结果如图4-14所示。该表呈现的是本次 t 检验的结果数据，包括方差齐性检验法等同性检验的 F 值和显著性概率值， t 检验的 t 值、自由度、显著性（单侧 P、双侧 P），平均值差值、标准误差差值及差值的95%置信区间。

独立样本检验

		莱文方差等同性检验		平均值等同性 t 检验						差值 95% 置信区间	
						显著性					
		F	显著性	t	自由度	单侧 P	双侧 P	平均值差值	标准误差差值	下限	上限
担心因为考试不及格带来的后果	假定等方差	.633	.428	1.876	82	.032	.064	.458	.244	-.028	.943
	不假定等方差			1.779	57.660	.040	.080	.458	.257	-.057	.973
听不懂老师所讲时会很不自在	假定等方差	.109	.742	-.765	82	.223	.446	-.181	.237	-.652	.290
	不假定等方差			-.751	66.260	.228	.455	-.181	.241	-.663	.300
老师问事先没有准备的问题时感到紧张	假定等方差	.015	.903	-.608	82	.272	.545	-.148	.244	-.633	.337
	不假定等方差			-.602	68.426	.275	.549	-.148	.246	-.640	.343
课上不愿自愿发言	假定等方差	.342	.560	-.282	82	.389	.778	-.062	.221	-.502	.377
	不假定等方差			-.284	72.274	.389	.777	-.062	.220	-.500	.376

图 4-14

- **方差齐性检验法等同性检验：** 两独立样本 t 检验首先要对两总体的方差进行同质性（相等性）检验，因为"假定等方差"和"不假定等方差"所对应的 t 检验的方法是不同的。因此，在SPSS的独立样本T检验结果报表中，首先要呈现假定等方差的结果。如图4-14所示，"假定等方差"所对应的一行数据是在方差无显著差异的条件下的各统计量的值，而"不假定等方差"所对应的一行数据则是在方差有显著差异的条件下的各统计量的值。从结果中可以看出，各项目的方差齐性检验 F 值均未达到显著水平（ $P>0.05$ ），接受方差齐性假设，即两总体的方差具有同质性（相等性）。因此，平均值相等性的 t 检验的结果要查看"已假设方差齐性"所对应的数据。

- **平均值等同性 t 检验：** 两组变量在各项目上的 t 值分别为1.876、-0.765、-0.6080和-0.282，自由度均为82，单侧和双侧显著性 P 值分均大于0.05。说明在这些学习压力项目上，男生和女生的平均感受没有明显的差异。平均差为两分组的平均值的差，在项目"担心因为考试不及格带来的后果"上平均差为正，为0.458，说明女生的感受略强于男生；而在其他项目中平均值为负，分别为-0.181、-0.148

和−0.062，说明男生的感受略强于女生，但在这些项目上的双方的感受差异没有达到显著水平。判断两组平均值的差异是否达到显著水平，除了参考显著性概率值外，还可以参考差值的95%置信区间，若该区间包括数值0，则必须接受虚无假设，双方的差异不显著；若该区间不包括数值0，则必须拒绝虚无假设，双方差异显著。

总之，在所检验的学习压力的四个项目中，男生和女生两个分组的平均感受有所差别，但双方的差异程度均未达到显著水平。

⑤ 4.4 成对样本 *t* 检验

根据两个样本数据之间有无关联性，可分为独立样本和成对样本。独立样本是指两个样本数据之间没有关联性，成对样本是指两个样本数据之间存在一一对应的关系，故成对样本也称相关样本，对其平均值是否达到统计学上的显著性差异的检验便是成对样本 *t* 检验，其与独立样本 *t* 检验的不同之处有如下几点。

1. 两者处理的问题不相同

独立样本 *t* 检验是针对两个独立的、无关联性的不同总体，通过均值比较来说明两个总体有无统计学上的显著差异。而成对样本 *t* 检验则是针对两个有关联性的总体，通常是对同一总体在不同时间的表现，在某项措施实施前后的区别，或同一总体的两个不同方面进行均值比较，来说明同一总体在不同时间、措施前后、不同方面是否有显著的差异。

2. 两者对抽样的要求不同

独立样本 *t* 检验由于针对不同总体，其抽样是独立进行的，两个总体的样本数量可以不同。而成对样本 *t* 检验针对同一总体的不同时刻或不同方面，其前后必须对应，因此两个总体样本不仅次序不能任意更改，而且必须数量一致，否则将不能匹配。

3. 两者所用检验统计量和分布不完全相同

成对样本 *t* 检验采用的检验统计量和单样本T检验类似，也是使用 *t* 统计量。

4.4.1 成对样本 *t* 检验原理

成对样本 *t* 检验的过程是对两个同质的样本分别进行两种不同的处理，或一个样本先后接受不同的处理，以判断不同的处理是否有差别，这经常用来检验某种实验方法或手段的效果。成对样本 *t* 检验实施的前提条件：一是两样本必须是成对的，二是两样本来自的总体应该服从正态分布。成对设计是将受试者配成对，给予每对中的个体以不同处理。成对设计主要有以下几种。

- 同一受试者处理前和处理后数据的配对。
- 同一受试者的两个局部的数据的配对。
- 同一受试者用两种方法测量的数据的配对。
- 成对的两个受试者分别接受两种不同的处理后的数据的配对。

成对样本 t 检验采用 t 统计量，其原理是：首先，对两组样本分别计算出每对观测值的差值，得到一个新的差值样本；然后，通过对差值样本均值是否显著为0的检验来推断两总体均值的差是否显著为0。如果差值样本的均值远离0值，则可以认为两总体的均值有显著差异；反之，如果差值样本的均值在0值附近波动，则可以认为两总体均值不存在显著差异。这种检验方式类似于单样本均值的 t 检验。

▌4.4.2　成对样本 t 检验的案例讲解

下面通过成对样本 t 检验来分析"销售统计"数据中上半年销售额和下半年销售额的显著程度。具体操作步骤如下。

Step 01 打开数据文件，执行"分析"|"比较均值"|"成对样本t检验"命令，如图4-15所示。

Step 02 打开"成对样本t检验"对话框。选择变量列表框中的"上半年销售额"和"下半年销售额"，将其依次选入"配对变量"列表框，如图4-16所示。

图 4-15

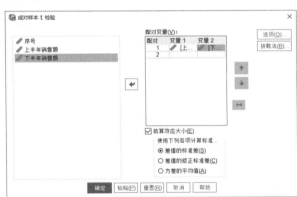

图 4-16

Step 03 单击"选项"按钮，打开"成对样本t检验：选项"对话框，设置"置信区间百分比"和"缺失值"。设置完成后，单击"继续"按钮返回上一级对话框，如图4-17所示。

图 4-17

Step 04 单击"确定"按钮，输出分析结果，如图4-18所示。在"查看器"窗口中可以查看分析结果。

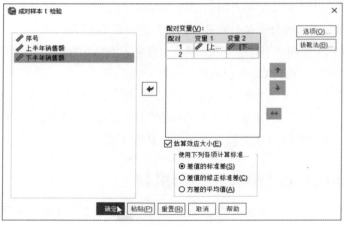

图 4-18

具体分析结果如下。

（1）成对样本描述统计量表

成对样本描述统计量表如图4-19所示，呈现了本次分析的描述性统计量，包括均值、个案数（N）、标准差和标准误差平均值。本次分析的样本容量为155，上半年销售额的均值为27.3908，标准差为14.35165，标准误差平均值为1.15275；下半年销售额的均值为50.7792，标准差为26.92615，标准误差平均值为2.16276。

		均值	N	标准差	标准误差平均值
配对 1	上半年销售额	27.3908	155	14.35165	1.15275
	下半年销售额	50.7792	155	26.92615	2.16276

成对样本统计

图 4-19

（2）成对样本相关性检验结果报表

成对样本相关性检验结果报表。对成对样本进行相关性检验是进行 t 检验的前提检验，目的是为了确定两成对样本的相关关系。从图4-20中可以看出，上半年和下半年相关性为0.053，显著性概率单侧$P=0.258$，双侧$P=0.516$。

				显著性	
		N	相关性	单侧 P	双侧 P
配对 1	上半年销售额 & 下半年销售额	155	.053	.258	.516

成对样本相关性

图 4-20

（3）成对样本t检验结果报表

成对样本t检验结果报表（图4-21）是本次成对样本t检验的结果，包括成对样本的差值的平均值-23.38841、标准差29.83938、标准误差平均值2.39676和差值的95%置信区间，以及t检验的t值-9.758，自由度154，显著性概率单侧P值和双侧P值均小于0.01。由于P<0.05，故拒绝虚无假设，即上半年销售额和下半年销售额差异明显。由于均值为负，说明下半年销售额较上半年销售额有所增长，且增长的幅度较为明显。

成对样本检验

| | | 配对差值 | | | | | | 显著性 | |
		均值	标准差	标准误差平均值	差值 95% 置信区间 下限	上限	t	自由度	单侧 P	双侧 P
配对 1	上半年销售额 - 下半年销售额	-23.38841	29.83938	2.39676	-28.12317	-18.65364	-9.758	154	<.001	<.001

图 4-21

案例实战：分析食品公司全年四个季度销售额差异

"食品全年销售统计"数据表中记录了某公司全年四个季度的销售数据，本案例使用成对样本t检验对每两个季度的销售额进行比较，从而分析各个季度的销售额是否存在显著性差异。

1. 具体操作过程

Step 01 打开"食品全年销售统计"数据文件，执行"分析"|"比较均值"|"成对样本t检验"命令，如图4-22所示。

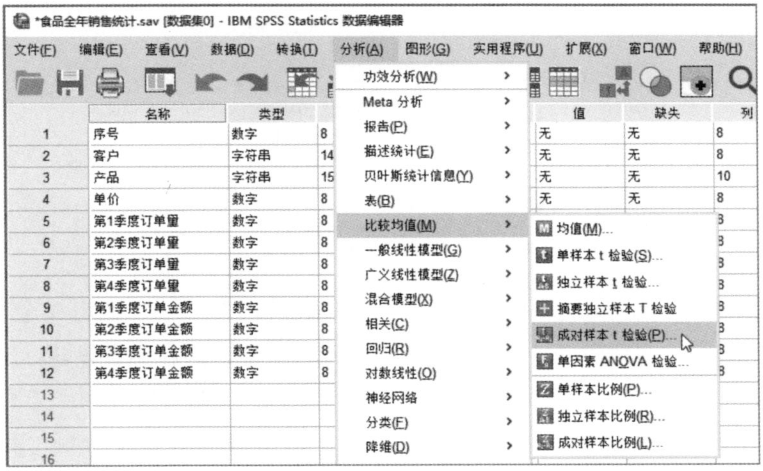

图 4-22

Step 02 打开"成对样本t检验"对话框。从左侧列表框中选择"第1季度订单金额"变量，单击按钮，如图4-23所示。

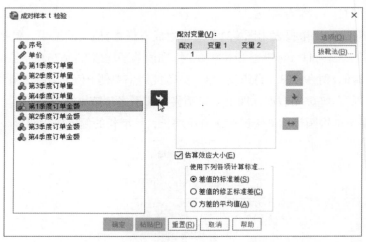

图 4-23

Step 03 所选变量随即被选入"配对变量"列表框中第1行的"变量1"下方，继续选择"第2季度订单金额"变量，单击 按钮，将其选入"配对变量"列表框中第1行的"变量2"下方，如图4-24所示。此时"配对变量"中形成第1个配对组。

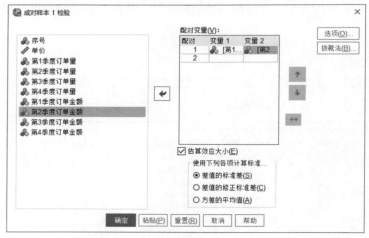

图 4-24

Step 04 参照上述步骤。将"第1季度订单金额"和"第3季度订单金额"添加到"配对变量"中，形成第2个配对组；将"第1季度订单金额"和"第4季度订单金额"添加到"配对变量"中，形成第3个配对组；将"第2季度订单金额"和"第3季度订单金额"添加到"配对变量"中，形成第4个配对组；将"第2季度订单金额"和"第4季度订单金额"添加到"配对变量"中，形成第5个配对组；将"第3季度订单金额"和"第4季度订单金额"添加到"配对变量"中，形成第6个配对组，最后单击"确定"按钮，提交系统分析，如图4-25所示。

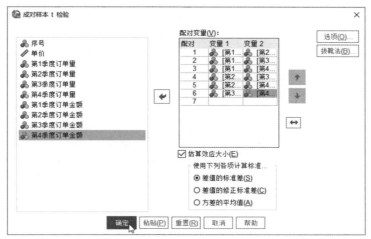

图 4-25

2. 统计结果分析

图4-26～图4-28是系统生成的统计结果。

（1）成对样本统计量表

本次分析的样本容量（N）为18，成对样本统计给出了6个配对组各自的统计指标，如图4-26所示。通过均值、标准差以及标准误差平均值的统计结果，可以看出每个季度的销售额呈增长趋势。

成对样本统计

		均值	N	标准差	标准误差平均值
配对 1	第1季度订单金额	3538.8889	18	1940.17552	457.30376
	第2季度订单金额	4706.0000	18	2599.98197	612.82163
配对 2	第1季度订单金额	3538.8889	18	1940.17552	457.30376
	第3季度订单金额	4898.0000	18	3153.34019	743.24941
配对 3	第1季度订单金额	3538.8889	18	1940.17552	457.30376
	第4季度订单金额	7617.9444	18	4209.28129	992.13712
配对 4	第2季度订单金额	4706.0000	18	2599.98197	612.82163
	第3季度订单金额	4898.0000	18	3153.34019	743.24941
配对 5	第2季度订单金额	4706.0000	18	2599.98197	612.82163
	第4季度订单金额	7617.9444	18	4209.28129	992.13712
配对 6	第3季度订单金额	4898.0000	18	3153.34019	743.24941
	第4季度订单金额	7617.9444	18	4209.28129	992.13712

图 4-26

（2）成对样本相关性检验结果

对成对样本相关性检验给出了6个配对组的相关系数，如图4-27所示，确定了成对样本的相关关系。

成对样本相关性

		N	相关性	显著性	
				单侧 *P*	双侧 *P*
配对 1	第1季度订单金额 & 第2季度订单金额	18	-.023	.464	.928
配对 2	第1季度订单金额 & 第3季度订单金额	18	.280	.130	.260
配对 3	第1季度订单金额 & 第4季度订单金额	18	.520	.014	.027
配对 4	第2季度订单金额 & 第3季度订单金额	18	-.108	.335	.670
配对 5	第2季度订单金额 & 第4季度订单金额	18	.351	.077	.154
配对 6	第3季度订单金额 & 第4季度订单金额	18	.348	.078	.157

图 4-27

（3）成对样本检验结果

图4-28所示是本次成对样本 *t* 检验的结果，给出了6个配对组的差异性检验。本案例主要关注图4-28的差异性检验。从图中可以看出，配对3中"第1季度订单金额-第4季度订单金额=-4079.05556"，负数说明第4季度销售额比第1季度销售额从均值上来说增加了4079.05556，对其进行检验的统计量 *t* 值为-4.801，自由度为17，单侧 *P* 和双侧 *P*（显著性）均小于0.001(0.001<0.05)，说明第4季度销售额要显著大于第1季度销售额，其他配对组的差异都不显著。

成对样本检验

		配对差值							显著性	
		均值	标准差	标准误差平均值	差值 95% 置信区间		*t*	自由度	单侧 *P*	双侧 *P*
					下限	上限				
配对 1	第1季度订单金额 - 第2季度订单金额	-1167.11111	3279.55955	772.99960	-2797.99770	463.77548	-1.510	17	.075	.149
配对 2	第1季度订单金额 - 第3季度订单金额	-1359.11111	3206.00725	755.66315	-2953.42101	235.19878	-1.799	17	.045	.090
配对 3	第1季度订单金额 - 第4季度订单金额	-4079.05556	3604.46890	849.58147	-5871.51577	-2286.59534	-4.801	17	<.001	<.001
配对 4	第2季度订单金额 - 第3季度订单金额	-192.00000	4297.75697	1012.99103	-2329.22426	1945.22426	-.190	17	.426	.852
配对 5	第2季度订单金额 - 第4季度订单金额	-2911.94444	4098.94001	966.12943	-4950.29936	-873.58953	-3.014	17	.004	.008
配对 6	第3季度订单金额 - 第4季度订单金额	-2719.94444	4291.04691	1011.40946	-4853.83187	-586.05702	-2.689	17	.008	.016

图 4-28

第5章
非参数检验

  SPSS中的参数检验通常是在给定或假定总体的分布的基础上，对总体的位置参数进行估计。常用统计推断检验方法分为参数检验和非参数检验两大类，本章对非参数检验进行重点介绍。

Ⓢ 5.1 非参数检验简介

SPSS的常用统计推断检验方法分为参数检验和非参数检验两大类，两者的主要区别在于：参数检验通常是在假设总体服从正态分布、统计量通常服从 t 分布的基础上，对总体分布中一些未知的参数（例如总体均值、总体方差等）进行统计推断；而非参数检验则是对总体分布不做假定，直接从样本的分析入手，推断总体的分布，由于该方法在推断总体分布时没有涉及总体分布的参数，因此称为"非参数"检验。

▌5.1.1 非参数检验概述

SPSS提供多种非参数检验的方法，如卡方检验、二项分布检验、游程检验、单样本K-S检验、两独立样本检验、多独立样本检验及相关样本检验等。

与参数检验相比，非参数检验具有不需要假设前提、检验结果稳定、运算速度快而简单、适用范围广等特点和优点。所谓适用范围广，指的是非参数检验特别适用于小样本、总体分布未知或偏态、方差不齐及混合样本等各类型数据。但非参数检验也伴随着检验效能低和不能检验模型的交互作用等不足。非参数检验的分类及检验方法如图5-1所示，参数检验和非参数检验的对比如表5-1所示。

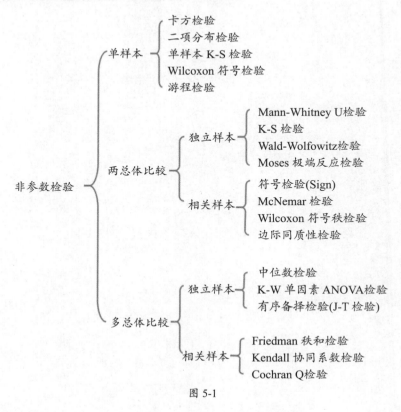

图 5-1

表5-1

项目	参数检验	非参数检验
检验对象	总体参数	总体分布和参数
总体分布	正态分布	分布未知
数据类型	连续数据 （定距、定比）	连续数据或离散数据 （定类、定序、定距或定比）
检验效能	高	低

由于参数检验的效能高于非参数检验，因此在数据符合参数检验的条件时，仍然优先采用参数检验。然而，在实践中，有时对研究的总体可能知之不多，有时要给出或假设总体的分布十分困难，有时总体的分布并不满足假定的前提，有时不知道推断时需要的总体参数值或者没有足够多的样本，此时，参数统计的方法不再适用，必须应用非参数统计的方法予以解决。

5.1.2 非参数检验的优缺点

与参数检验相比，非参数检验具有以下优点和缺点。

1. 非参数检验的优点

- 非参数检验不受总体分布的限制，对不满足总体分布假设的数据仍可使用。
- 非参数检验通常不需要大样本，小样本情况下也能得到精确可靠的结果。
- 非参数检验对计数数据、定类数据和定序数据等非连续变量数据均可使用。

2. 非参数检验的缺点

- 非参数检验最大的不足是未能充分利用数据的全部信息。在将原始数据转换成等级、符号时，丢失了原始数据提供的数量大小的信息。这意味着，原始信息差异很大的不同数据集在非参数检验中结果可能不一样。
- 非参数检验不能像多因素方差分析一样分析交互作用，并对其做假设检验。
- 非参数检验的统计检验力通常低于相应的参数检验。

(S) 5.2 卡方检验

卡方（χ^2）检验是现代统计学的创始人之一——英国人Karl Pearson（1857—1936）于1900年提出的，故也称为Pearson卡方检验，是一种常用的检验总体分布是否服从指定的分布的一种非参数检验的统计方法，可用于两个或多个样本之间的比较、样本关联度分析和拟合优度检验等。

5.2.1 卡方检验原理

卡方检验可对单个样本做出假设检验，用于推断该样本是否来自某特定分布总体。卡方检验是以卡方分布为基础的一种假设检验方法，主要用于分类变量，特别适用于频率数据的分析处理，属拟合优度检验。所谓拟合优度检验，就是检验某一变量的实际观测频率和期望理论频率分布之间是否吻合。如果两者相吻合，表示样本在某一变量上的实际频率大致相同，样本在该变量上的频率分布与总体理论分布相同。

1. 卡方检验的基本假设

H_0：实际观测频率和期望理论频率分布之间无显著差异。

H_1：实际观测频率和期望理论频率分布之间差异显著。

卡方统计量计算公式为

$$\chi_P^2 = \sum_{i=1}^{k} \frac{(A_i - T_i)^2}{T_i} \qquad (\alpha = 0.05)$$

其中，k为样本类别数，A_i是实际频率，T_i是在H_0为真的情况下的理论频率（期望值）。

很显然，实际频率与理论频率越接近，χ^2值就越小，若$\chi^2 = 0$，则上式中分子的每一项都必须是0，这意味着k类中每一类观察频率与理论频率完全一样，即完全拟合。统计量可以用来测量实际观察频率与理论频率之间的拟合程度。

在H_0成立的条件下，样本容量n充分大时，χ^2统计量近似地服从自由度$df = k-1$的X^2分布，因而，可以根据给定的显著性水平α，在临界值表中查到相应的临界值$\chi_\alpha^2(k-1)$。若$\chi^2 \geqslant \chi_\alpha^2(k-1)$，则拒绝$H_0$，反之要接受$H_0$。另外，所有的统计软件都可以输出检验统计量的显著性P值，若$P \leqslant \alpha$，则拒绝H_0，否则不能拒绝H_0。

2. 卡方检验的应用范围

- 推断单个样本的频率分布是否等于某种给定的理论分布（拟合优度检验）。
- 检验两个及两个以上样本的总体分布是否相同（率或构成比的差异性检验）。
- 定性资料的关联性分析。
- 线性趋势分析。

3. 卡方检验的基本步骤

第一步，建立虚无假设。为考察变量之间差异的显著性，卡方检验首先要建立虚无假设，一般假设实际频率和理论频率无显著差异。

第二步，计算理论频率和卡方值。

第三步，依据分析计算结果进行统计推断。根据自由度和设定的显著性水平值，查卡方值表，将实际计算所得的卡方值在相应的显著性水平上进行比较，据此做出接受或拒绝虚无假设的判断。

除了检验频率分布是否符合理论分布外，卡方检验还可以用于百分比同质性检验。

5.2.2 卡方检验案例详解

为了真实了解客户对产品的满意度，公司随机抽取部分用户进行了一个系列调查，其中包括以下两个问题。（题1略）

题2. 你使用我们产品多久了？

（1）一个月　　　（2）半年　　　（3）一年　　　（4）两年以上

题3. 你对我们产品最满意的地方是？

（1）价格　　（2）质量　　（3）购买体验　　（4）使用体验　　（5）售后服务

注意事项 工作人员将采集的数据保存为"客户满意度调查"数据文件。在该案例中，题2的数据的类别数为4，题3的数据的类别数为5。由于不确定数据的总体分布状况，因此可以采取非参数检验的卡方检验来判断用户对产品的满意度有无显著差异。此时先零假设"所有受访用户的满意度无显著差异"。

1. 具体操作过程

Step 01 打开"客户满意度调查"数据文件，执行"分析"|"非参数检验"|"旧对话框"|"卡方"命令，如图5-2所示。

图 5-2

Step 02 打开"卡方检验"对话框。选中"卡方检验"对话框左侧列表中的"题2. 你使用我们产品多久了"和"题3. 你对我们产品最满意的地方是"，将这两个变量选入"检验变量列表"列表框中，其他选项保持默认，单击"精确"按钮，如图5-3所示。

Step 03 打开"精确检验"对话框。该对话框可以设定是否进行确切概率的计算，以及具体的计算方法，用于计算通过"交叉表"和"非参数检验"过程得到的统计的显著性水平。"精确检验"设置包括"仅渐进法""蒙特卡洛法"和"精确"3个选项。此处保持默认选中"仅渐进法"单选按钮，单击"继续"按钮，返回上一级对话框，如图5-4所示。

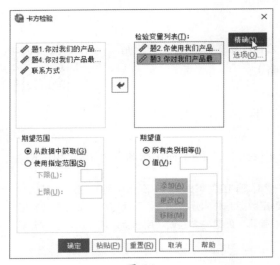

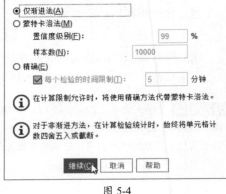

<table>
图 5-3　　　　　　　　　　　　　　　　　　　　　　图 5-4
</table>

图 5-3　　　　　　　　　　　　　　　　　　　　　　图 5-4

知识点拨

　　在"卡方检验"对话框中，包括"期望范围"和"期望值"两个选项组，分别包含两个单选按钮，含义如下。

　　（1）"期望范围"选项组

　　用于设定需检验的变量的取值范围，在此范围之外的取值将不进入分析。此设置共有两个单选按钮，即"从数据中获取"和"使用指定范围"。

- **从数据中获取：** 表示检验变量的取值范围使用数据文件的最大值和最小值所确定的范围，该项为系统默认。本例使用系统默认项。
- **使用指定范围：** 即自行指定检验的取值范围，激活该项后，研究者可在"下限"和"上限"框中分别输入检验范围的下限和上限。

　　（2）"期望值"选项组

　　用于指定已知总体的各分类构成比。该选项组包含"所有类别相等"和"值"两个单选按钮。

- **所有类别相等：** 即设定各类别构成比例相等，意味着检验的总体是服从均匀分布的。此为系统默认项，本例使用此项设置。
- **值：** 用于自行定义类别构成的比例，每输入一个值后单击"添加"按钮，系统自动将其输入右边的列表框。输入数值必须大于0，重复以上操作直到输完为止。如果在输入过程中出现了错误，可以选中已输入的值，单击"更改"按钮进行修正，或单击"删除"按钮将其删除，然后重新输入。"值"输入时要注意输入顺序一定要和变量递增的顺序一致。

知识点拨

　　（1）仅渐进法

　　该项给出基于检验统计的渐进分布的显著性水平。渐进显著性是基于大数据集的假设，通常小于0.05的值被认为是显著的。如果数据集较小或者分布较差，可能不会很好地指示显著性。该项为系统默认选项。

（2）蒙特卡洛法

该项给出精确显著性水平的无偏估计，其计算方法是从与观察到的表具有相同维数和行列界限的参考表集中重复地取样。蒙特卡洛法使分析不依赖于渐进法所必需的假设就能估计精确的显著性。当数据集太大而无法计算精确的显著性，但数据又不满足渐进法的假设时，此方法最有用。其中"置信度级别"用于指定置信度，默认值为99%；"样本数"用于指定计算的样本数目，样本数越大，显著性水平越可靠，默认值为10000。

（3）精确

该项用于精确地计算观察到的输出或更极端的输出概率。通常认为小于0.05的显著性水平是显著的，表示行变量和列变量之间存在某种关系。"每个检验的时间限制"用于限定进行每个检验所使用的最长时间，如果超过30分钟，则用蒙特卡洛法比较合适，系统默认计算时间限制在5分钟内，超过此时间则自动停止。

Step 04 单击"选项"按钮，打开"卡方检验：选项"对话框。该对话框包括"统计"和"缺失值"两个选项组，如图5-5所示。单击"继续"按钮，返回"卡方检验"对话框。

Step 05 单击"确定"按钮完成设置，SPSS输出卡方检验结果，如图5-6所示。

图 5-5

图 5-6

2. 检验结果分析

（1）满意度调查结果分析

图5-7和图5-8是本次对客户满意度的决定因素和客户满意度现状调查的分析结果。图5-7和图5-8中的第一列为该问题的实际选项，第二列为该选择的实际个案数，第三列为理论上的期望个案数，而"残差"列则是第二列与第三列的差值。残差为正，说明实际个案数多于期望个案数，反之则表明实际个案数少于期望个案数，同时，残差的绝对值越大，表示实际个案数和期望个案数差距越大。

题2.你使用我们产品服务多久了

	实测个案数	期望个案数	残差
一个月	6	5.0	1.0
半年	8	5.0	3.0
一年	2	5.0	-3.0
两年以上	4	5.0	-1.0
总计	20		

图 5-7

题3.你对我们产品最满意的地方是

	实测个案数	期望个案数	残差
价格	3	4.0	-1.0
质量	4	4.0	.0
购买体验	5	4.0	1.0
使用体验	4	4.0	.0
售后服务	4	4.0	.0
总计	20		

图 5-8

（2）卡方检验的统计表

本次卡方检验的统计表如图5-9所示。卡方检验统计量在于检验各选项实际频率是否为1：1：1：1：1的随机分布（期望值）。可以看出题2和题3的卡方值分别为4.000和0.500，而渐进显著性P值均为0.261和0.974，大于0.001，接受虚无假设，说明题2和题3的选项被实际勾选的个案数与期望值差异不显著。即最初的零假设"所有受访用户的满意度无显著差异"在题2和题3上成立。

检验统计

	题2.你使用我们产品服务多久了	题3.你对我们产品最满意的地方是
卡方	4.000[a]	.500[b]
自由度	3	4
渐进显著性	.261	.974

a. 0 个单元格 (0.0%) 的期望频率低于 5。期望的最低单元格频率为 5.0。

b. 5 个单元格 (100.0%) 的期望频率低于 5。期望的最低单元格频率为 4.0。

图 5-9

S 5.3 二项分布检验

在实际的研究中，很多变量的取值只有两类，如男和女、对和错、有和无等。从这种二分类总体中抽取的所有可能结果，只能是该对立分类中的其中一类，这样的频率分布称为二项分布。SPSS的二项分布检验过程可对样本进行二项分布分析，以推断其来自的总体的分布是否服从某个指定的二项分布。

5.3.1 二项分布检验原理

SPSS二项分布检验就是根据收集到的样本数据，推断其总体分布是否服从某个指定的二项分布p。该检验也是拟合优度检验，其虚无假设H_0是样本来自的总体与所指定的某个二项分布p不存在显著的差异。

假设每次试验成功的概率均为p，在n次相同的独立试验中有k次试验成功的概率是：

$$p(X=k)=C_n^k p^k (1-p)^{n-k}(k=0,1,\cdots,n;0<p<1)$$

SPSS中的二项分布检验在样本小于或等于30时，按照计算二项分布概率的公式进行计算；样本数大于30时，SPSS计算的是Z统计量，认为在虚无假设下，Z统计量服从正态分布。Z统计量的计算公式如下：

$$Z=\frac{k\pm 0.5-np}{\sqrt{np(1-p)}}$$

在大样本情况下，SPSS程序将自动计算Z统计量，并给出相应的相伴概率值。如果相伴概率小于或等于指定的显著性水平α，则拒绝虚无假设H_0，认为样本来自的总体分布形态与指定的二项分布存在显著差异；如果相伴概率值大于显著性水平，则不能拒绝虚无假设H_0，认为样本来自的总体分布形态与指定的二项分布不存在显著差异。

SPSS二项分布检验的数据是实际收集到的样本数据，而非频率数据。

5.3.2 二项分布检验案例详解

本案例通过"员工满意度问答"数据文件分析受访员工在工作方面的看法是否也存在显著差异。在这份调查中包含以下几个问题，要求受试者分别给予肯定或否定的选择（1表示肯定选择，0表示否定选择）。

题1. 你对当前的工作内容满意吗（1　0）？

题2. 你和领导同事的关系如何（1　0）？

题3. 你对工作环境是否满意（1　0）？

题4. 你对公司的员工培训是否满意（1　0）？

题5. 你对公司的总体情况是否满意（1　0）？

注意事项 本例中问题的选项均为二分类，可以应用二项分布检验对其分布差异的显著性进行判断。

1. 具体操作过程

Step 01 打开"员工满意度问答"数据文件，执行"分析"|"非参数检验"|"旧对话框"|"二项"命令，如图5-10所示。

Step 02 打开"二项检验"对话框。在对话框的左侧列表框中选择"题1"～"题5"，单击▶按钮，将所选变量同时选入"检验变量列表"列表框，如图5-11所示。最后单击"确定"按钮完成设置，SPSS输出检验结果。

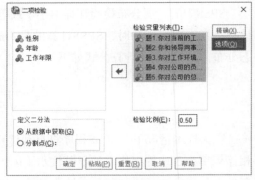

| 图 5-10 | 图 5-11 |

2. 检验结果分析

图5-12所示为本次分析的二项分布检验结果。从图中可以看出，题1～题5的二项检验的精确显著性水平值均远大于0.001的临界值，接受虚无假设。这意味着在这些问题的选择上受试者的选项分布差异很小。而题4的检验结果的精确显著性水平值为0.17，大于0.05，接受虚无假设，说明受试者对该问题的态度的总体分布差异很小，但和其他问题的二项分布检验精确显著性水平相比，受试者对该问题的态度差异略大。

二项检验

		类别	N	实测比例	检验比例	精确显著性（双尾）
题1.你对当前的工作内容满意吗	组1	满意	19	.48	.50	.875
	组2	不满意	21	.53		
	总计		40	1.00		
题2.你和领导同事的关系如何	组1	融洽	19	.48	.50	.875
	组2	不融洽	21	.53		
	总计		40	1.00		
题3.你对工作环境是否满意	组1	满意	19	.48	.50	.875
	组2	不满意	21	.53		
	总计		40	1.00		
题4.你对公司的员工培训是否满意	组1	满意	28	.70	.50	.017
	组2	不满意	12	.30		
	总计		40	1.00		
题5.你对公司的总体情况是否满意	组1	不满意	22	.55	.50	.636
	组2	满意	18	.45		
	总计		40	1.00		

图 5-12

5.4 游程检验

在社会科学研究中，常常要求从总体中抽取的样本是随机的。如果要使用随机抽取的样本数据对总体性质进行推断，就要对抽样的随机性进行检验。这可以利用SPSS非参数检验的游程检验来完成。所谓游程检验，就是通过对样本观测值的分析，来检验该样本来自的总体序列是否为随机序列，游程检验也可以用以检验一个样本的观测值之间是否相互独立。

5.4.1 游程检验原理

游程检验是一种利用游程的总个数来判断样本随机性的统计检验方法。所谓游程，是指总体样本观测值改变的次数，也可以理解为样本序列中连续不变的序列的数目。游程检验的思想是，在一个随机抽样中，游程的数量既不可能太多也不可能太少。

例如以下样本序列：

1 2 3 2 4 -4 2 3 4 0 -4 -2 -2 4 3 1 -3

以0为分割点，当样本值>0时为A类，否则为B类，则上例中的游程类别为两类，总个数为6个。一个游程中数据的个数称为游程长度。如上例中共有6个游程，分别是1 2 3 2 4、-4、2 3 4、0 -4 -2 -2、4 3 1和-3，游程长度分别为5、1、3、4、3、1，游程类别分别为A、B、A、B、A、B。三者的关系如表5-2所示。

表5-2　游程分割表

样本序列	1	2	3	2	4	-4	2	3	4	0	-4	-2	-2	4	3	1	-3
游程序号		1				2		3			4				5		6
游程长度		5				1		3			4				3		
游程类别		A				B		A			B				A		B

对于一个样本序列来说，如果游程数太少，则说明同样类型的数据往往积聚在一起，序列有正相关的迹象；如果游程数太多，则会造成A类型数据后面往往跟着B类型数据，B类型数据后面跟着A类型数据，这样又会造成数据之间存在着强烈的负相关迹象，即游程太多或太少的样本序列不是随机序列。

用户要想知道游程是否太多或太少，即检验样本序列的随机性，必须了解游程总数R的概率分布。游程检验就是一种利用游程的总数R来判断样本随机性的统计检验方法。

游程总数R的概率分布的具体检验步骤如下。

1. 提出假设

H_0：样本是随机的。

H_1：样本不是随机的。

2. 计算统计量以及 P 值

用于把样本数据分成两类（A 和 B）的分割点可以是指定的某个具体数值，也可以是均值、中位数、众数等。当样本值＞分割点时设为 A 类，否则为 B 类。如果样本容量为 n，其相应的游程数分别为 n_1 和 n_2。在大样本情况下，游程总数 R 的分布接近于正态分布，其数学期望值和方差分别为：

$$E(R) = \frac{2n_1 n_2}{n_1 + n_2} + 1$$

$$Var(R) = \frac{2n_1 n_2}{(n_1 + n_2)^2 (n_1 + n_2 - 1)}$$

Z 统计量为：

$$Z = \frac{R - E(R)}{Var(R)}$$

由于在游程检验中将一个样本各单位归属于两种类别之中，所以样本各单位的分布称为二项分布。在样本容量足够大时，R 的分布接近正态分布。

3. 根据 P 值做出判断

概率 $P > 0.05$，接受 H_0，即样本是随机的；概率 $P < 0.05$，拒绝 H_0。

5.4.2 游程检验案例详解

某品牌洗衣液的质检部要求每瓶洗衣液的平均容量为5L，为了检验该厂生产的洗衣液容量是否达标，该质检部从流水线上的某台装瓶机上随机抽取30瓶，测得其容量为：5.2，5.98，4.89，5.72，5.55，5.92，5.9，5.01，5.2，4.98，5.94，5.53，5.6，5.61，5.66，4.31，5.25，5.5，5.61，5.64，5.96，5.63，5.57，5.3，5.73，5.06，4.92，5.01，5.91，5.12。

试检查这台机器灌装洗衣液的容量是否随机？这说明了什么？

1. 具体操作过程

Step 01 打开"洗衣液容量抽检"数据文件，执行"分析"|"非参数分析"|"旧对话框"|"游程"命令，如图5-13所示。

Step 02 打开"游程检验"对话框。选择列表框中的变量"洗衣液[容量]"，单击 ► 按钮，如图5-14所示。

Step 03 将变量"洗衣液[容量]"选入"检验变量列表"列表框，在"分割点"选项组中勾选"平均值"和"中位数"复选框，单击"确定"按钮，如图5-15所示。完成操作，在"查看器"窗口中输出分析结果。

图 5-13

图 5-14

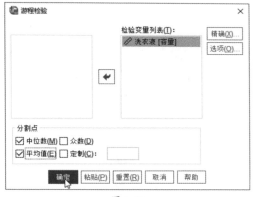

图 5-15

知识点拨

　　"游程检验"对话框中的 "分割点"选项组给出了四种划分样本游程类别的方法，包括"中位数""众数""平均值"和"定制"四个选项。系统会按照指定方法将样本一分为二，变量值小于分割点的个体形成一类，其他的形成一类。

- **中位数：** 以中位数作临界分割点，其值在中位数以下的为一类，大于或等于中位数的为另一类。
- **众数：** 以众数作临界分割点，其值在众数以下的为一类，大于或等于众数的为另一类。
- **平均值：** 以均值作临界分割点，其值在均值以下的为一类，大于或等于均值的为另一类。
- **定制：** 以用户指定值作临界分割点，其值在指定值之下的为一类，大于或等于指定值的为另一类。

　　以上划分方法可以同时指定，此时系统会分别给出每种划分方法的检验结果。本例尝试同时选择"中位数"和"平均值"为分割点来进行检验。

2. 检验结果分析

图5-16和图5-17分别给出了以中位数和平均值为分割点的本次游程分析结果。从分析结果来看，两种检验方法的结果略有差别，Z值分别为0.186和-0.737，渐进显著性概率P值分别为0.853和0.461，均大于0.05的临界值，接受H_0假设。说明这台灌装机所灌装的洗衣液的容量达标。

游程检验	洗衣液
检验值[a]	5.56
个案数 < 检验值	15
个案数 >= 检验值	15
总个案数	30
游程数	17
Z	.186
渐进显著性（双尾）	.853
a. 中位数	

图 5-16

游程检验 2	洗衣液
检验值[a]	5.4403
个案数 < 检验值	12
个案数 >= 检验值	18
总个案数	30
游程数	13
Z	-.737
渐进显著性（双尾）	.461
a. 平均值	

图 5-17

S 5.5 单样本K-S检验

K-S检验是以两位前苏联数学家Kolmogorov和Smirnov命名的，即柯尔莫戈洛夫-斯米诺夫检验（简称K-S检验），是基于累积分布函数，用以检验一个经验分布是否符合某种理论分布，或比较两个经验分布是否有显著性差异的非参数检验方法。和卡方检验一样，它也是一种拟合优度检验。虽然卡方检验与K-S检验都采用实际频率和期望频率进行检验，但前者主要用于类别数据，而后者主要用于连续或定量数据。尽管卡方检验也可以用于连续或定量数据，但必须将连续或定量数据进行分组，得到实际观测频率（例如将职工工资按一定标准分为高、中、低，或将学生成绩按一定标准分为优、中、差等），同时要求多变量之间相互独立；而后者可以不分组直接对原始数据进行检验，因此K-S检验对数据的应用更为完整。K-S检验就是针对卡方检验的缺点提出的，是建立在经验分布函数基础上的检验结果。

5.5.1 单样本K-S检验原理

单样本K-S检验用来检验一个连续或定量数据的经验分布是否与某个指定的理论分布（如正态分布、泊松分布、均匀分布）及指数分布相吻合。程序通过对两个分布差异进行分析，确定是否有理由认为样本经验分布的观察结果来自所设定的理论分布总体。当两者间的差距很小时，就可以断定该样本取自已知的理论分布。

一般要检验有n个观测值的样本是否来自某个已知的分布$F_0(x)$，通常假定实际观测的经验分布为$F(x)$，并设$S(x)$为该组数据的经验分布函数，定义为阶梯函数：

$$S(x)=\frac{X_i\leqslant x\text{的个数}}{n}=\frac{\sum I(X_i\leqslant x)}{n}$$

这种基于经验分布的检验方法的基本原理是：依据格里文科定理（Glivenko，简称格氏定理），当$n\rightarrow\infty$时，样本经验分布$\hat{F}_n(x)$以概率1一致收敛到总体分布$F(x)$，因此可以定义$S(x)$到$F_0(x)$的距离为：

$$D(S(x),F_0(x))=\sup|S(x)-F_0(x)|$$

当H_0成立时，由格氏定理，D以概率1收敛到0，因此D的大小可以度量$F_0(x)$对总体分布拟合的好坏。

D的分布实际上在零假设下对于一切连续分布$F_0(x)$是一样的，所以是与分布无关的。由于$S(x)$是阶梯函数，只取离散值，考虑到跳跃的问题，在实际操作时，如果有n个观察值，可用下面的统计量代替上面的D：

$$D_n=\max_{1\leqslant i\leqslant n}\{\max(|S(x_i)-F_0(x_i)|,|S(x_{i-1})-F_0(x_{i-1}))|\}$$

K-S检验统计量Z为：

$$Z=\sqrt{n}\cdot D$$

检验结果中的Z是渐进统计量，大样本时$\alpha=0.05$和$\alpha=0.01$的界值分别是1.36和1.63，小样本时应读取结果中经验分布函数与理论分布函数的最大差值，然后查界值表作结论，不可直接利用结果中的P值作结论。此方法的基本思想还可用于推断两个独立样本是否来自相同的总体。

单样本K-S检验的步骤如下。

第一步，建立零假设H_0：经验分布和理论分布没有显著差异。

第二步，找出D_{max}：把样本观察值从小到大排列，计算经验累积分布和理论累积分布，记$D=\max|S(x_i)-F_0(x_i)|$，构造检验统计量$Z=D\times\sqrt{n}$并计算P值。

第三步，作出判断：若Z值过大，或显著性P值太小，则拒绝零假设H_0；反之，不能拒绝H_0。

5.5.2 单样本K-S检验案例详解

本案例通过非参数检验分析上半年销售额和下半年销售额是否呈正态分布。该案例具体步骤如下。

Step 01 打开"销售统计"数据文件，执行"分析"|"非参数检验"|"单样本"命令，如图5-18所示。

图 5-18

Step 02 打开"单样本非参数检验"对话框。该对话框显示"目标""字段"和"设置"三个选项卡。通过单击各选项卡，用户可以非常便捷地进行程序设置，如图5-19所示。

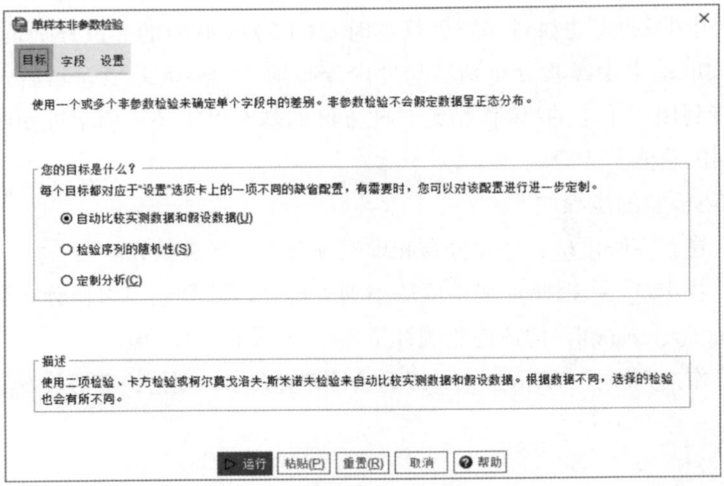

图 5-19

Step 03 切换到"字段"选项卡，选中"使用定制字段分配"单选按钮，在"字段"列表中选择变量"上半年销售额"，单击 按钮，如图5-20所示，将所选变量添加到"检验字段"列表框中，如图5-21所示。

Step 04 继续将变量"下半年销售额"选入"检验字段"列表框中，如图5-21所示。

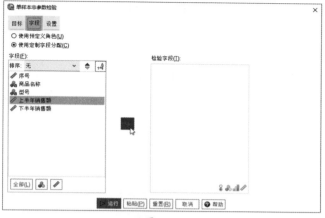

图 5-20

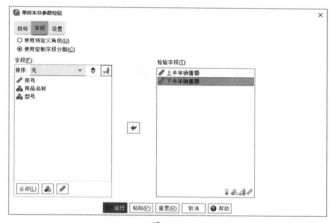

图 5-21

Step 05 切换到"设置"选项卡,在"定制检验"选项组中,勾选"检验实测分布和假设分布(柯尔莫戈洛夫-斯米诺夫检验)"复选框。单击"选项"按钮,如图5-22所示。

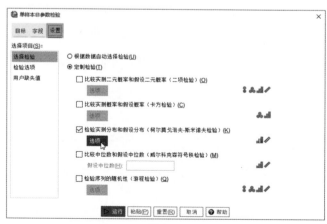

图 5-22

Step 06 打开"柯尔莫戈洛夫-斯米诺夫检验选项"对话框，该对话框包括"正态""均匀""指数"和"泊松"四个复选框。此处可选"正态"复选框。单击"确定"按钮，如图5-23所示。

Step 07 返回"单样本非参数检验"对话框，单击"运行"按钮，如图5-24所示。"查看器"窗口中随即输出分析结果。

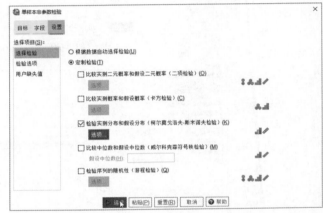

图 5-23　　　　　　　　　　　　　　　　　　图 5-24

检验结果分析如下。

（1）销售金额K-S假设检验摘要表

销售金额K-S假设检验摘要表（如图5-25所示）。通过摘要表可以看出，本次K-S检验的结果是：上半年销售额的分布为正态分布，均值为27.39，标准差为14.35165，显著性概率值$P=0.000$，在决策中建议拒绝零假设，即上半年销售额不服从正态分布；下半年销售额的分布为正态分布，均值为50.78，标准差为26.92615，显著性概率值$P=0.057$，在决策中建议保留零假设，即下半年销售额服从正态分布。

假设检验摘要

	原假设	检验	显著性[a]	决策
1	上半年销售额 的分布为正态分布，均值为 27.39，标准差为 14.35165	单样本柯尔莫戈洛夫-斯米诺夫检验	.000	拒绝零假设
2	下半年销售额 的分布为正态分布，均值为 50.78，标准差为 26.92615	单样本柯尔莫戈洛夫-斯米诺夫检验	.057	保留零假设

a. 显著性水平为 .050。基于 10000 蒙特卡洛样本且起始种子为 299883524 的里利氏法。

图 5-25

（2）其他信息分析

图5-26～图5-29分别是上半年和下半年销售额"单样本柯尔莫戈洛夫-斯米诺夫正态检验摘要""单样本柯尔莫戈洛夫-斯米诺夫正态检验"直方图，直方图显示样本频率和正态分布曲线的拟合程度，以及平均值和标准差。检验信息表给出样本数量、最大极差、检验统计和渐进显著性水平等数值。辅助视图下方的"字段"下拉列表可选择查看内容。从图5-26～图5-29的模型查看器的辅助视图中，可以非常清楚地看出上半年销售额和下半年销售额各自的分布状况及二者的差别。

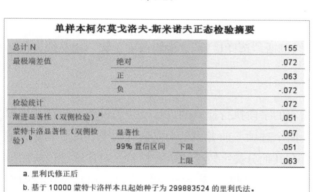

单样本柯尔莫戈洛夫-斯米诺夫正态检验摘要		
总计 N		155
最极端差值	绝对	.163
	正	.163
	负	-.115
检验统计		.163
渐进显著性（双侧检验）[a]		<.001
蒙特卡洛显著性（双侧检验）[b]	显著性	.000
	99% 置信区间 下限	.000
	上限	.000

a. 里利氏修正后
b. 基于 10000 蒙特卡洛样本且起始种子为 299883524 的里利氏法。

图 5-26

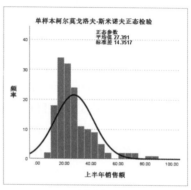

图 5-27

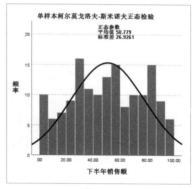

单样本柯尔莫戈洛夫-斯米诺夫正态检验摘要		
总计 N		155
最极端差值	绝对	.072
	正	.063
	负	-.072
检验统计		.072
渐进显著性（双侧检验）[a]		.051
蒙特卡洛显著性（双侧检验）[b]	显著性	.057
	99% 置信区间 下限	.051
	上限	.063

a. 里利氏修正后
b. 基于 10000 蒙特卡洛样本且起始种子为 299883524 的里利氏法。

图 5-28

图 5-29

在上述操作过程中，"单样本非参数检验"对话框中的3个选项含义如下。

1. "目标"选项卡

（1）自动比较实例数据和假设数据

该目标对仅具有两个类别的分类字段应用二项检验，对所有其他分类字段应用卡方检验，对连续字段应用K-S检验。该项是系统默认设置。

（2）检验序列的随机性

该目标使用游程检验检验观测到的随机数据值序列，用于判断观测到的数据值的随机性。如果选择该项，在"设置"选项卡中的"游程检验"将自动被勾选。

（3）定制分析

当用户希望手动修改"设置"选项卡上的检验设置时，可以选择此选项。注意，如果随后在"设置"选项卡上更改了与当前选定目标不一致的选项，那么系统会自动选择该设置。

2."字段"选项卡

"字段"选项卡用于指定要检验的字段，字段即变量。该界面中包括"使用预定义角色"和"使用定制字段分配"两个选项。

（1）使用预定义角色

此选项使用现有的字段信息。所有预定义角色为"输入""目标"或"两者"的字段（变量）将用作检验字段自动选入"检验字段"列表框。选择"输入"，表示具有该角色的变量将作为分析或建模的自变量；选择"目标"，表示具有该角色的变量将作为分析或建模的因变量或目标变量；选择"两者"，表示具有该角色的变量既是自变量也是因变量。

（2）使用定制字段分配

此选项允许用户覆盖字段角色。选定该选项后，激活"字段"列表框。用户可自行选择要分析的一个或多个字段（变量），将其选入"检验字段"列表框。

3."设置"选项卡

"设置"选项卡的"选择项目"栏包括"选择检验""检验选项"和"用户缺失值"三个选项组。

（1）"选择检验"选项组

用于指定"字段"选项卡上所指定的字段执行检验的方法及相关设置，包括"根据数据自动选择检验"和"定制检验"两个选项。前者表示对仅具有两个有效（非缺失）类别的分类字段应用二项检验，对所有其他分类字段应用卡方检验，对连续字段应用柯尔莫戈洛夫-斯米诺夫检验，系统会自动做出判断。后者允许用户自行选择要执行的特定检验。这些检验包括以下几种。

- **比较实测二元概率和假设二元概率（二项检验）**：二项检验可以应用到所有字段。这将生成一个单样本检验，可以检验标记字段（只有两个类别的分类字段）的观察分布是否与指定的二项分布期望相同。此外，还可以定义置信区间。
- **比较实测概率和假设概率（卡方检验）**：卡方检验可以应用到名义和有序字段。这将生成一个单样本检验，可以根据字段类别的观察频率和期望频率间的差异来计算卡方统计。
- **检验实测分布和假设分布（柯尔莫戈洛夫-斯米诺夫检验）**：柯尔莫戈洛夫-斯米诺夫检验适用于连续字段和有序字段。这将生成一个单样本检验，即字段的样本累积分布函数是否为均匀分布、正态分布、泊松分布或指数分布。

- **比较中位数和假设中位数（威尔科克森符号秩检验）：** 威尔科克森（Wilcoxon）符号秩检验适用于连续字段和有序字段。这将生成一个字段中值的单样本检验。用户可指定一个数字作为假设中位数。
- **检验序列的随机性（游程检验）：** 游程检验可以应用到所有字段。这将生成一个单样本检验，即对分字段的值序列是否为随机序列进行检验。

（2）检验选项

包括"显著性水平""置信区间"和"排除的个案"的设置。默认值分别为"0.05""95%"和"按检验排除个案"。用户也可以自行指定检验选项。本例使用默认设置。

（3）用户缺失值

即"分类字段的用户缺失值"选项组，包括"排除"和"包括"两个选项。通过这些选项可以决定是否将用户缺失值在分类字段中视为有效（包括）值或无效（排除）值。本例使用系统默认设置。

案例实战：高中生学习能力调查分析

对高中生学习能力的调查中，受访者人数200人，其中男生128人，女生72人，如图5-30所示。现需要根据调查结果分析男生和女生之间学习能力稳定性是否不同。由于两个样本非参数检验的数据结构和两独立样本 t 检验是相同的，当条件相同时可采用两独立样本 t 检验进行差异检验，为了进行比较，本案例假设不满足参数检验条件，下面使用曼-惠特尼U检验对男生和女生学习能力差异进行检验。

图 5-30

1. 具体过程

Step 01 打开"高中生学习能力调查"数据文件，执行"分析"|"非参数检验"|"旧对话框"|"2个独立样本"命令，如图5-31所示。

Step 02 弹出"两个独立样本检验"对话框，选中变量"学习能力"，单击 ↓ 按钮，将变量选择入"检验变量列表"列表框中，如图5-32所示。

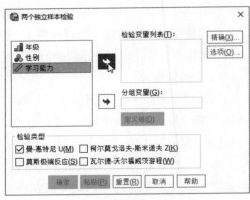

图 5-31　　　　　　　　　　　　　　　　图 5-32

Step 03 随后选中变量"性别"，单击按钮，将其选入"分组变量"列表框中，如图5-33所示。

Step 04 下面开始定义比较的组别，在"两个独立样本检验"对话框中单击"定义组"按钮，如图5-34所示。

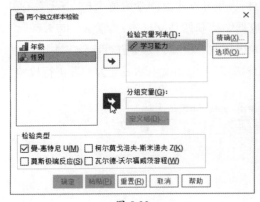

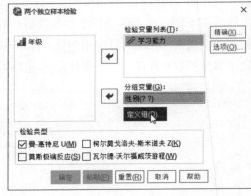

图 5-33　　　　　　　　　　　　　　　　图 5-34

Step 05 进入"双独立样本：定义组"对话框，由于取值1为男，取值2为女，所以此处在定义组中分别输入"1"和"2"，单击"继续"按钮，如图5-35所示。

图 5-35

Step 06 检验类型使用默认的"曼-惠特尼U"检验法。本案例中男生和女生的样本量都大于10，所以不需要使用精确检验法，单击"确定"按钮，如图5-36所示。在"查看器"窗口输出分析结果。

图 5-36

2. 结果分析

图5-37中是男生和女生试验结果的样本量（N）、秩平均值以及秩的总和。本案例中样本量男>10，女>10，可以利用渐进正态Z检验。

秩

	性别	N	秩平均值	秩的总和
学习能力	男	72	79.14	5698.00
	女	128	112.52	14402.00
	总计	200		

图 5-37

图5-38中的Z统计量值为-3.928，渐进显著性（双尾）值小于0.01，该值小于0.05，因此可以认为男生和女生间的试验结果的差异具有统计学意义。

检验统计[a]

	学习能力
曼-惠特尼 U	3070.000
威尔科克森 W	5698.000
Z	-3.928
渐近显著性（双尾）	<.001

a. 分组变量：性别

图 5-38

读书笔记

第**6**章

方差分析

　　方差分析是由英国统计学家R. A. Fisher提出的一种利用试验获取数据并进行分析的统计方法，也称为F值检验。常用的方差分析方法包括单因素方差分析、多因素方差分析、协方差分析、多元方差分析、重复测量方差分析、方差成分分析等。在实际工作和生活中，数据样本多数是三个或三个以上的较为复杂的情况，要想对其进行差异性检验，则需要使用方差分析。从实质上来说，方差分析就是将两独立样本t检验推广到多独立总体的假设检验，是参数检验的另一种方法，检验对象是两个以上总体的均值是否存在显著差异。另外，方差分析对样本的大小没有更多的限制。

S 6.1 方差分析概述

方差分析就是将试验数据的总变异分解为来源于不同因素的相应变异，并做出数量估计，从而发现各个因素在总变异中所占的重要程度。

6.1.1 方差分析的基本原理

方差分析是对数据变异量的分析。一个复杂的事物内部往往会有许多的因素相互制约、相互作用。方差分析的目的就是要找到对该事物有显著影响的那些因素，以及其影响的最佳水平。因素是指方差分析中的每一个独立的变量，也是方差分析研究的对象。因素中的内容称为水平，将研究的事物的总体取值称为观测因素或观测变量（因变量），而将影响观测变量的因素称为控制因素或控制变量（自变量）；将控制变量的不同取值称为不同的因素水平。方差分析认为观测变量的变化受两方面因素的影响：第一类是控制变量不同水平所产生的影响；第二类是控制变量以外的随机因素（随机变量）所产生的影响。第一类因素的影响称为系统误差，第二类因素的影响称为随机误差。如果控制变量的不同水平对观测变量产生显著影响，那么观测变量在控制变量的不同水平上的平均值一定会有差异，这说明控制变量是影响观测变量的主要因素，即观测变量主要受系统误差影响；反之，如果控制变量对观测变量不产生影响，那么在控制变量的不同水平上观测变量的平均值将不会有显著差异，这说明此时随机变量是影响观测变量的主要因素，也就是观测变量不存在系统误差，或者观测变量主要受随机误差影响。

总之，方差分析就是研究不同的控制变量（自变量）及控制变量的不同水平（>2）对观测变量（因变量）的影响有无显著差异的统计分析方法，其分析思路是从观测变量的方差入手，研究诸多控制变量中哪些变量对观测变量有显著影响。对观测变量有显著影响的控制变量中，还需要分析控制变量的不同水平及水平的交互搭配是如何影响观测变量的。方差分析过程可分为自由度与平方和分解、F检验两部分。

6.1.2 方差分析的假设条件和过程

在运用方差分析过程时，必须满足以下几个假设条件。

1. 各总体正态分布

方差分析的前提是假定各总体正态分布，这也是能够推导出F统计量服从F分布的基础，因为SPSS是依据F分布计算P值的。一旦总体不服从正态分布，那么F统计量自然不再服从F分布，SPSS计算的P值对于统计检验将没有任何意义。因此在进行方差分析之前，需要验证各总体的分布是否正态，验证的方法可以使用Q-Q图，也可以使用单样本非参数K-S检验。

2. 数据样本间的方差齐性并相互独立

方差齐性实质上是指要比较的两组数据所属的总体分布是否一致。这对于推导F统计量的分布以及其自由度也是非常重要的，如果这个条件得不到满足，同样SPSS计算的P值对于统计检验也将不可用。数据样本必须是独立观测所得，两次观测之间不能有任何关联。

基于以上假设，方差分析对总体分布的差异性推断就转化为对各总体均值的差异性推断了。进行方差分析一般要经过以下几个步骤。

第一步，方差齐性检验。

第二步，计算各项平方和与自由度。

第三步，列出方差分析表，进行F检验，并依此做出推断。

第四步，事后检验。若F检验显著，则要进一步进行多重比较。

6.2 单因素方差分析

单因素方差分析也称一维方差分析，用于分析单个控制变量（自变量）的不同水平是否对观测变量（因变量）产生显著影响。因为其用于分析单个控制变量对观测变量的影响，故此称为单因素方差分析。单因素方差分析将所有的方差分为可以由该控制变量解释的系统误差和无法由该控制变量解释的随机误差，如果系统误差显著地超过随机误差，则认为该控制变量取不同水平时观测变量的均值存在显著差异。

6.2.1 单因素方差分析原理

单因素方差分析检验的是由单一因素影响的一个（或几个相互独立的）观测变量（因变量）。还可以对该控制因素的若干水平分组中哪一组与其他各组均值间具有显著性差异进行分析，即进行均值的多重比较。单因素方差分析过程要求观测变量数据分布属于正态总体，否则就要使用非参数分析过程。如果几个观测变量之间彼此不独立，应该使用广义线性模型（GLM）过程对其进行重复测量方差分析，条件满足时还可以进行趋势分析。除了要满足总体正态分布和各个观测变量的观测值之间必须相互独立外，各个数据样本之间还要保持方差齐性。

方差分析的数学模型是：

$$X_{ij} = \mu_i + \varepsilon_{ij}, i = 1, 2, \cdots, k; j = 1, 2, \cdots, n_i$$

其中，i代表控制变量的第i个水平，即第i个总体；μ_i表示第i个总体的均值；ε_{ij}表示第i个总体第j个样本受随机因素的影响，是服从正态分布的随机变量；而n_i表示第i个总体中的样本数；k表示总体数。因此

$$n_1 + \cdots + n_k = n$$

将各总体均值求平均，得到总的均值

$$\mu = \frac{1}{k} \sum_{i=1}^{k} \mu_i$$

如果各总体均值没有差异，都等于 μ，那么样本取值就只受随机因素 ε_{ij} 的影响；如果各总体均值不相等，那么样本取值就同时受总体均值和随机因素的影响，方差分析要检验的就是样本取值有没有受各总体均值的影响，当然在构造统计量时，需要用样本统计量 $\overline{X}_i$ 和 $\overline{X}$ 去估计各总体均值 μ_i 和总均值 μ。

假设检验的原假设是：

$H_0 : \mu_1 = \mu_2 = \cdots = \mu_k$

即原假设是各总体均值相等，也就是观测变量主要受随机误差的影响。方差分析的目的就在于检验原假设的真伪。

6.2.2　单因素方差分析案例详解

某学校对市、区重点中学的学生成绩进行了一次抽样检查，抽查科目为"语文""数学"和"历史"，并按各自学校进行记录。下面分析这些学生的"语文"成绩在学校分布上有无差异。

1. 具体过程

Step 01 打开"成绩统计"数据文件，执行"分析"|"比较均值"|"单因素ANOVA检验"命令，如图6-1所示。

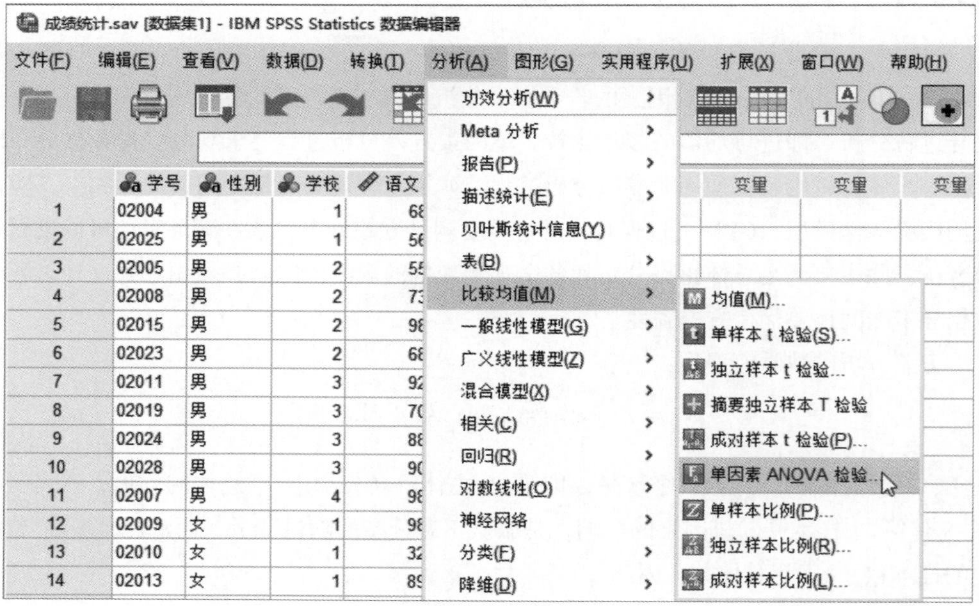

图 6-1

Step 02 打开"单因素ANOVA检验"对话框，在左侧列表框中选择变量"语文"，将其选入"因变量列表"列表框内，如图6-2所示。

图 6-2

Step 03 选择变量"学校"，将其选入"因子"列表框，单击"对比"按钮，如图6-3所示。

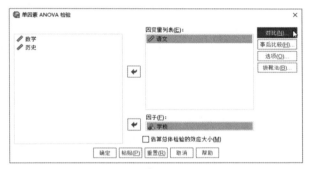

图 6-3

Step 04 打开"单因素ANOVA检验：对比"对话框。该对话框包括"多项式"选项和"系数"设置选项。勾选"多项式"复选框，随后设置对比系数，在"系数"文本框内依次输入-1、0.5、0.5，并依次单击"添加"按钮，将其移入下方列表框内。单击"下一个"按钮，如图6-4所示。

图 6-4

Step 05 重复上述操作，设置第二页的系数为0.5、0.5、-1；再次单击"下一个"按钮，重复上述操作设置第三页的系数为0.5、-1、0.5。完成设置，单击"继续"按钮返回上一级对话框，如图6-5所示。

Step 06 单击"事后比较"按钮，打开"单因素ANOVA：事后多重比较"对话框。勾选LSD、"图基""塔姆黑尼 T2"复选框，单击"继续"按钮，如图6-6所示。

图 6-5

图 6-6

Step 07 单击"选项"按钮，打开"单因素ANOVA：选项"对话框。该对话框包括"统计""缺失值"以及"置信区间"三个区域。本例的选择如图6-7所示。选项设置完成后单击"继续"按钮。

Step 08 返回"单因素ANOVA检验"对话框，单击"确定"按钮，完成所有设置，如图6-8所示。在"查看器"窗口中输出分析结果。

图 6-7

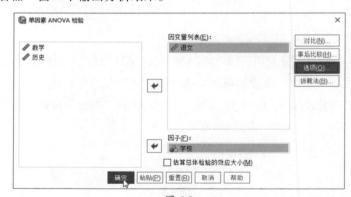

图 6-8

2. 结果分析

（1）单因素方差分析描述性统计量表

描述性统计量表如图6-9所示，其中包括N（个案数）、平均值、标准差、标准误差、平均值95%置信区间（上限/下限）、最大值和最小值。由此表可知，文慧中学的语文平均成绩和三十一中差异较大，而三十一中的语文平均成绩和景华中学语文平均成绩接近。

描述

语文

| | N | 平均值 | 标准差 | 标准误差 | 平均值的 95% 置信区间 | | 最小值 | 最大值 |
					下限	上限		
三十一中	8	71.75	20.401	7.213	54.69	88.81	32	98
景华中学	7	74.71	14.127	5.339	61.65	87.78	55	98
文慧中学	8	84.75	7.906	2.795	78.14	91.36	70	92
建宁中学	5	79.80	20.315	9.085	54.58	105.02	45	98
总计	28	77.64	16.061	3.035	71.42	83.87	32	98

图 6-9

（2）方差齐性检验表

方差齐性检验表如图6-10所示，包括基于平均值、基于中位数、基于中位数并具有调整后自由度、基于剪除后平均值的各项检验结果。

方差齐性检验

		莱文统计	自由度 1	自由度 2	显著性
语文	基于平均值	1.240	3	24	.317
	基于中位数	.625	3	24	.606
	基于中位数并具有调整后自由度	.625	3	15.332	.609
	基于剪除后平均值	1.120	3	24	.361

图 6-10

（3）方差分析表

方差分析表如图6-11所示，包括组间和组内平方和、自由度、均方、F值和显著性。从表中可以看出，组间方差分析的F值所对应的概率P值均大于0.05的水平值，说明均值差异不显著，至于是哪一组或哪两组均值差异显著，要进一步进行比较才能知道。

ANOVA

语文

			平方和	自由度	均方	F	显著性
组间	（组合）		765.200	3	255.067	.987	.415
	线性项	未加权	366.024	1	366.024	1.417	.246
		加权	486.244	1	486.244	1.882	.183
		偏差	278.956	2	139.478	.540	.590
组内			6199.229	24	258.301		
总计			6964.429	27			

图 6-11

（4）组间均值事后检验表

组间均值事后检验表如图6-12所示，其中详细列举了LSD和图基HSD及塔姆黑尼的检验结果。由于方差同质性检验为齐性，所以只需查看LSD和图基HSD的检验结果。两种检验方法的结果基本一致：所有学校的对比检验的P值均大于0.05，说明对比结果无显著差异。

组间均值事后检验

因变量: 语文

	(I) 学校	(J) 学校	平均值差值 (I-J)	标准误差	显著性	95% 置信区间 下限	95% 置信区间 上限
图基 HSD	三十一中	景华中学	-2.964	8.318	.984	-25.91	19.98
		文慧中学	-13.000	8.036	.388	-35.17	9.17
		建宁中学	-8.050	9.162	.816	-33.33	17.23
	景华中学	三十一中	2.964	8.318	.984	-19.98	25.91
		文慧中学	-10.036	8.318	.629	-32.98	12.91
		建宁中学	-5.086	9.411	.948	-31.05	20.87
	文慧中学	三十一中	13.000	8.036	.388	-9.17	35.17
		景华中学	10.036	8.318	.629	-12.91	32.98
		建宁中学	4.950	9.162	.948	-20.33	30.23
	建宁中学	三十一中	8.050	9.162	.816	-17.23	33.33
		景华中学	5.086	9.411	.948	-20.87	31.05
		文慧中学	-4.950	9.162	.948	-30.23	20.33
LSD	三十一中	景华中学	-2.964	8.318	.725	-20.13	14.20
		文慧中学	-13.000	8.036	.119	-29.59	3.59
		建宁中学	-8.050	9.162	.388	-26.96	10.86
	景华中学	三十一中	2.964	8.318	.725	-14.20	20.13
		文慧中学	-10.036	8.318	.239	-27.20	7.13
		建宁中学	-5.086	9.411	.594	-24.51	14.34
	文慧中学	三十一中	13.000	8.036	.119	-3.59	29.59
		景华中学	10.036	8.318	.239	-7.13	27.20
		建宁中学	4.950	9.162	.594	-13.96	23.86
	建宁中学	三十一中	8.050	9.162	.388	-10.86	26.96
		景华中学	5.086	9.411	.594	-14.34	24.51
		文慧中学	-4.950	9.162	.594	-23.86	13.96
塔姆黑尼	三十一中	景华中学	-2.964	8.974	1.000	-30.97	25.05
		文慧中学	-13.000	7.736	.557	-38.88	12.88
		建宁中学	-8.050	11.600	.985	-47.32	31.22
	景华中学	三十一中	2.964	8.974	1.000	-25.05	30.97
		文慧中学	-10.036	6.027	.565	-30.14	10.07
		建宁中学	-5.086	10.538	.998	-43.83	33.66
	文慧中学	三十一中	13.000	7.736	.557	-12.88	38.88
		景华中学	10.036	6.027	.565	-10.07	30.14
		建宁中学	4.950	9.505	.997	-36.01	45.91
	建宁中学	三十一中	8.050	11.600	.985	-31.22	47.32
		景华中学	5.086	10.538	.998	-33.66	43.83
		文慧中学	-4.950	9.505	.997	-45.91	36.01

图 6-12

（5）齐性子集检验表

齐性子集检验表如图6-13所示，其中对在0.05显著水平上没有显著差异的组别进行归类，作为同类子集。由于所有学校对比差异显著，因此表中不做任何归类。

语文

	学校	N	Alpha 的子集 = 0.05 1
图基 HSD[a,b]	三十一中	8	71.75
	景华中学	7	74.71
	建宁中学	5	79.80
	文慧中学	8	84.75
	显著性		.461

将显示齐性子集中各个组的平均值。

a. 使用调和平均值样本大小 = 6.747。

b. 组大小不相等。使用了组大小的调和平均值。无法保证 I 类误差级别。

图 6-13

（6）语文平均成绩折线图

图6-14所示是本次分析结果的语文平均成绩折线图，从图中可以看出，文慧中学的语文成绩平均值与三十一中差异显著，而三十一中和景华中学两组差异较小。总体组间均值比较结果为文慧中学>建宁中学>景华中学>三十一中。

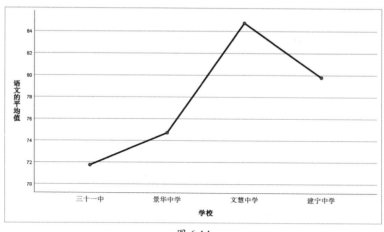

图 6-14

6.3 单变量多因素方差分析

在实际的研究中，用户往往会遇到一个因变量受到两个甚至更多的因素（自变量）的影响，这使得分析愈加困难与烦琐。更有甚者，这些影响因素不仅分别影响着因变量，这些因素之间往往也是相互作用并共同对因变量产生影响。这种错综复杂的影响关系使得单因素方差分析变得不再可行。这种情况下，研究者要选择使用能够进行多因素分析的方差分析形式。

6.3.1 单变量多因素方差分析原理

由单变量多因素方差分析方法的名称可以知道，单变量多因素方差分析用于分析多个因素对一个观测变量产生的影响。与单因素方差分析的最大区别在于，用户除了要研究多个因素对一个因变量的影响外，还有研究这些因素的交互作用对因变量的影响。

1. 多因素方差分析的模型（以两个因素为例）

假设因变量可能受两个控制因素A、B的影响，其中因素A有p个水平，因素B有q个水平，则两个因素的交叉将因变量分成了$p \times q$个水平，每个水平的因变量的样本可以描述为：

$$X_{ijk} = \mu_i + \nu_j + \delta_{ij} + \varepsilon_{ijk}, i = 1, 2, \cdots, p; j = 1, 2, \cdots, q; k = 1, 2, \cdots, n_{ij}$$

式中，X_{ijk}表示因素A的第i个水平，因素B的第j个水平中的第k个样本；ε_{ijk}表示相应的随机误差，服从正态分布；μ_i、ν_j分别表示因素A和因素B各自在i、j水平上的总体均值，代表因素独立的影响；δ_{ij}代表两个因素的i、j水平的交互作用对因变量样本的影响。

当因素A对因变量没有显著影响时，μ_i等于常数，此时变量主要受因素B和交互作用及随机作用影响，因素A不是主要影响因素；同理，也可以这样分析因素B和交互作用AB。

对于因素的影响仍然是从样本方差开始，样本方差SST可分解为：

$$\text{SST} = \sum_{i=1}^{p}\sum_{j=1}^{q}\sum_{k=1}^{n_{ij}}(X_{ijk} - \bar{X})^2 = \text{SSA} + \text{SSB} + \text{SSAB} + \text{SSE}$$

式中，n_{ij}表示因变量在因素A的i水平、因素B的j水平的样本数。

$$\sum_{i=1}^{p}n_{ij} = n_{\cdot j}, \sum_{j=1}^{q}n_{ij} = n_{i\cdot}, \sum_{i=1}^{p}\sum_{j=1}^{q}n_{ij} = n$$

式中，$n_{i\cdot}$、$n_{\cdot j}$分别代表因变量在i、j水平上的边际样本数，n代表样本总数。其他统计量可以定义为：

$$\text{SSA} = \sum_{i=1}^{p}\sum_{j=1}^{q}n_{ij}(\bar{X}_i^A - \bar{X})^2 = \sum_{i=1}^{p}n_{i\cdot}(\bar{X}_i^A - \bar{X})^2$$

$$\text{SSB} = \sum_{i=1}^{p}\sum_{j=1}^{q}n_{ij}(\bar{X}_j^B - \bar{X})^2 = \sum_{j=1}^{q}n_{\cdot j}(\bar{X}_j^B - \bar{X})^2$$

$$\text{SSE} = \sum_{i=1}^{p}\sum_{j=1}^{q}\sum_{k=1}^{n_{ij}}(X_{ijk} - \bar{X}_{ij}^{AB})^2$$

$$\text{SSAB} = \text{SST} - \text{SSA} - \text{SSB} - \text{SSE}$$

假如因素A水平发生变化，例如从水平1变化到水平2，无论因素B取哪个水平，因变量观测值同时增加或同时减小，则表示因素A的变化可以决定观测值的变化，此时称A、B无交互作用；反之，如果因素A从水平1变化到水平2，因变量观测值在B的不同水平上变化不同，在有些水平上增加，在有些水平上减小，也就是需要A、B交叉的水平才能确定因变量的变化，此时称A、B存在交互作用。

三个因素的多因素方差分析和两个因素的多因素方差分析类型一样，只是模型更加复杂，需要检验的统计量更多。

2. 单变量多因素方差分析的基本步骤

多因素方差分析就是要检验各因素单独的影响和因素之间的交互影响是否存在，需要利用样本方差构造F统计量来完成假设检验，基本步骤如下。

（1）提出假设检验的原假设

多因素方差分析原假设为各因素的各水平下，因变量各总体均值无显著差异，用公式表示为：

$$H_0 : \mu_1 = \mu_2 = \cdots = \mu_p = \mu , \quad \nu_1 = \nu_2 = \cdots = \nu_a = \nu ,$$
$$\delta_{ii} = 0; i = 1, \cdots, p; j = 1, \cdots, q$$

（2）选择检验统计量

和单因素方差分析相同，多因素方差分析也是选用F统计量，针对三个不同的原假设，需要构造三个不同的统计量：

$$F_A = \frac{\mathrm{SSA}/(p-1)}{\mathrm{SSE}/(n-pq)} = \frac{\mathrm{MSA}}{\mathrm{MSE}}$$

$$F_B = \frac{\mathrm{SSB}/(q-1)}{\mathrm{SSE}/(n-pq)} = \frac{\mathrm{MSB}}{\mathrm{MSE}}$$

$$F_{AB} = \frac{\mathrm{SSAB}/(p-1)(q-1)}{\mathrm{SSE}/(n-pq)} = \frac{\mathrm{MSB}}{\mathrm{MSE}}$$

从上面公式中可看出，各统计量的构造形式和单因素方差分析基本一致，只是其中具体计算公式有所不同，统计量的构造体现了多因素方差分析的思想。在原假设为真时，这些统计量都服从不同自由度的F分布。

（3）计算样本统计量观测值和概率P值

SPSS会自动计算各统计量观测值和对应的概率P值，并以表格的形式输出。根据P值进行统计检验。如果P值大于显著水平，则不能拒绝原假设，认为因素水平上没有显著差异；如果P值小于显著水平，就要拒绝原假设，认为在各因素水平上有显著差异。注意，此处有三个统计量，因此要计算三个P值，完成三个检验，分别对应A、B因素各自的影响和A、B交互作用的影响。

6.3.2　单变量多因素方差分析案例详解

某研究机构为了使用调查数据来分析这些职工的年龄和学历对其工资是否有显著影响，因此对全国各地的企业职工做了一项关于工资和学历的关系的随机调查。

1. 对调查结果分析的具体过程

Step 01 打开"学历与薪资"数据文件，执行"分析"|"一般线性模型"|"单变量"命令，如图6-15所示。

Step 02 打开"单变量"对话框，在左侧列表框中选择变量"当前工资"，将其选入"因变量"列表框内，随后选择自变量"学历"和"性别"，将其选入"固定因子"列表框，如图6-16所示。

图 6-15

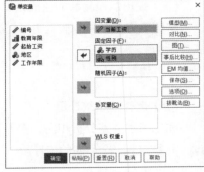
图 6-16

知识点拨

　　"单变量"对话框还有"随机因子""协变量"和"WLS权重"三个列表框，分别用于选择随机因素变量、协变量进行协方差分析和为加权最小二乘分析指定权重变量。但要注意，如果加权变量的值为0、负数或缺失，那么该个案将从分析中排除，已用在模型中的变量不能用作加权变量。

　　Step 03 在"单变量"对话框中单击"模型"按钮，打开"单变量：模型"对话框。"指定模型"选项组有"全因子""构建项"和"构建定制型"三个选项供选择。另外还有"平方和"参数列表框和"在模型中包括截距"选项。本例的模型设置均选择系统默认值。设置完毕，单击"继续"按钮返回上一级对话框，如图6-17所示。

　　Step 04 单击"对比"按钮，打开"单变量：对比"对话框。该对话框包括"因子"和"更改对比"两个选项组。对比设置用来检验因子的水平之间的差值。用户可以为模型中的每个因子指定对比方法，对比代表参数的线性组合。具体操作是：单击"因子"选项组内想要设置对比方法的因子项，激活"更改对比"选项组的各选项。单击"对比"参数列表框的下拉按钮，选择对比方法。选择"更改"选项可以更改已设置的对比方法。本例选择"无"选项，即不进行因子水平差值的对比。设置完毕后单击"继续"按钮返回上一级对话框，如图6-18所示。

图 6-17

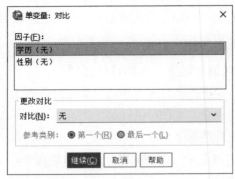
图 6-18

Step 05 单击"图"按钮，打开"单变量：轮廓图"对话框。该对话框用于制作固定因子轮廓图。概要图是一个线图，其中每个点表示因子的一个水平上的估计因变量边际平均值（已针对任何协变量进行调整）。第二个因子的水平可用来绘制分离线。第三个因子中的每个水平可用来创建分离图。所有固定因子和随机因子（如果存在）可用于图。对于多变量分析，将为每个因变量创建概要图。在重复测量分析中，主体间因子和主体内因子均可以用在概要图中。将"学历"选入"水平轴"列表框，作为概要图的横坐标变量。将"性别"选入"单独的线条"列表框，作为分离线变量，如图6-19所示。

Step 06 随后，单击"添加"按钮，设置完毕后单击"继续"按钮返回上一级对话框，如图6-20所示。概要图对于比较模型中的边际平均值是有用的。

图 6-19

图 6-20

Step 07 单击"事后比较"按钮，打开"单变量：实测平均值的事后多重比较"对话框。该对话框用于设置各因子方差分析多重比较的检验方法。选择对"学历"进行事后检验，检验方法选择LSD和"图基"，设置完成后单击"继续"按钮返回上一级对话框，如图6-21所示。

Step 08 单击"EM均值"按钮，打开"单变量：估算边际平均值"对话框，从"因子与因子交互"列表框中选择OVERALL，将其选入右侧"显示下列各项的平均值"列表框中，单击"继续"按钮返回上一级对话框，如图6-22所示。

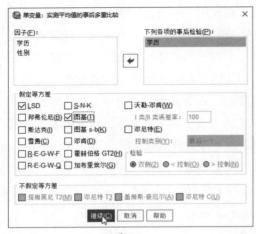

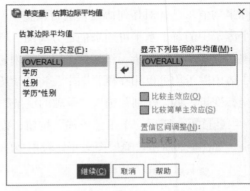

图 6-21　　　　　　　　　　　　　　　　　　　　图 6-22

Step 09 单击"保存"按钮，打开"单变量：保存"对话框。该对话框用于将分析结果中的一些指标保存为新的变量。该对话框包括"预测值""诊断""残差"和"系数统计"4 个选项组。此处无须进行分析数值的保存，因此不进行选择。单击"继续"按钮返回"单变量"对话框，如图6-23所示。

Step 10 单击"选项"按钮，打开"单变量：选项"对话框。勾选"描述统计""效应量估算""实测功效""齐性检验"以及"分布-水平图"复选框，单击"继续"按钮返回上一级对话框，如图6-24所示。完成所有设置，最后单击"确定"按钮，在"查看器"窗口中输出分析结果。

图 6-23　　　　　　　　　　　　　　　　　　　　图 6-24

2. 对分析结果的解读

（1）主体间因子列表

图6-25所示为主体间因子列表，该表共有"学历"和"性别"两个因子，分别包含3个水平和2个水平。N表示因子各水平对应的样本的个案数。

（2）描述统计表

图6-26所示为描述统计表，该表提供了因变量"当前工资"在各个因子的各个水平上的平均值、标准差和个案数（N）。从图中可以看出，在"高中"和"大学"两个学历的水平上，男性平均工资多于女性；而在"研究生"水平上，女性高于男性。另外，随着学历的增高，男性和女性的平均工资也在递增，最高平均工资为研究生水平。

描述统计

因变量：当前工资

学历	性别	平均值	标准差	N
高中及以下	女	$23,654.81	$4,546.111	158
	男	$29,108.82	$5,396.360	85
	总计	$25,562.59	$5,505.399	243
大学	女	$32,567.28	$10,088.992	57
	男	$39,146.81	$15,460.401	124
	总计	$37,074.81	$14,296.569	181
研究生	女	$69,368.75	$22,283.216	12
	男	$67,373.68	$18,058.680	38
	总计	$67,852.50	$18,933.044	50
总计	女	$28,309.34	$13,152.230	227
	男	$40,035.04	$18,319.538	247
	总计	$34,419.57	$17,075.661	474

主体间因子

		值标签	N
学历	1	高中及以下	243
	2	大学	181
	3	研究生	50
性别	1	女	227
	2	男	247

图 6-25

图 6-26

（3）方差齐性检验表

图6-27所示为方差齐性检验表，从图中可以看出，显著性P值均小于0.01，小于0.05，说明方差齐性检验未通过。因此，图6-28所示的事后多重比较表也不具参考价值。

误差方差的莱文等同性检验[a,b]

		莱文统计	自由度1	自由度2	显著性
当前工资	基于平均值	22.792	5	468	<.001
	基于中位数	17.810	5	468	<.001
	基于中位数并具有调整后自由度	17.810	5	232.955	<.001
	基于剪除后平均值	20.503	5	468	<.001

检验"各个组中的因变量误差方差相等"这一原假设。

a. 因变量：当前工资

b. 设计：截距 + 学历 + 性别 + 学历 * 性别

图 6-27

多重比较

因变量：当前工资

	(I) 学历	(J) 学历	平均值差值 (I-J)	标准误差	显著性	95% 置信区间 下限	95% 置信区间 上限
图基 HSD	高中及以下	大学	-$11,512.21*	$1,096.032	<.001	-$14,089.20	-$8,935.23
		研究生	-$42,289.91*	$1,733.519	<.001	-$46,365.74	-$38,214.07
	大学	高中及以下	$11,512.21*	$1,096.032	<.001	$8,935.23	$14,089.20
		研究生	-$30,777.69*	$1,783.465	<.001	-$34,970.96	-$26,584.42
	研究生	高中及以下	$42,289.91*	$1,733.519	<.001	$38,214.07	$46,365.74
		大学	$30,777.69*	$1,783.465	<.001	$26,584.42	$34,970.96
LSD	高中及以下	大学	-$11,512.21*	$1,096.032	<.001	-$13,665.97	-$9,358.46
		研究生	-$42,289.91*	$1,733.519	<.001	-$45,696.35	-$38,883.46
	大学	高中及以下	$11,512.21*	$1,096.032	<.001	$9,358.46	$13,665.97
		研究生	-$30,777.69*	$1,783.465	<.001	-$34,282.28	-$27,273.10
	研究生	高中及以下	$42,289.91*	$1,733.519	<.001	$38,883.46	$45,696.35
		大学	$30,777.69*	$1,783.465	<.001	$27,273.10	$34,282.28

基于实测平均值。
误差项是均方（误差）= 124613653.499。
*. 平均值差值的显著性水平为 .05。

图 6-28

（4）主体间效应检验表

图6-29所示为主体间效应检验表，该表包括变异来源、III类平方和、自由度、均方、F值、显著性水平值、偏Eta平方值、非中心参数及实测功效。"修正模型"栏的F值=127.751，显著性P值小于0.01，达到非常显著水平，表示上述的"学历"和"性别"两个因子中至少有一个对工资有很大影响，至于是哪一个，需要继续查看后续分析结果。由图可知，"学历"的主效应F值=226.372，显著性P值小于0.01，达到非常显著的水平，说明"学历"对因变量"当前工资"影响很大。相反，"性别"的F值=5.273，P值=0.022，小于0.05，说明"性别"对"当前工资"的变异也有一定的影响。而"学历*性别"的交互效应的F值=2.207，P值=0.111，大于显著性水平0.05，说明交互效应没有达到显著水平。从偏Eta平方值（R^2）来看，"修正模型"的R^2=0.577，表示自变量可以解释因变量57.7%的变异量，说明自变量与因变量的关联性很高，而调整后的R^2（0.573）则是关联强度系数。同样，自变量"学历"的偏Eta平方值为0.492，表示"学历"可以解释因变量的变异量的49.2%，两者之间也是高相关。而"性别"的偏Eta平方值为0.011，表示"性别"和因变量"当前工资"之间关联性很低。"学历*性别"的偏Eta平方值为0.009，表明与因变量的关联性更低。"实测功效"为统计检验力，"修正模型"的统计检验力为1.000（100%），表示该分析推论犯第二类错误的概率为0%，决策正确率为100%。

主体间效应检验

因变量: 当前工资

源	III 类平方和	自由度	均方	F	显著性	偏 Eta 平方	非中心参数	实测功效[b]
修正模型	7.960E+10[a]	5	1.592E+10	127.751	<.001	.577	638.753	1.000
截距	4.450E+11	1	4.450E+11	3570.757	<.001	.884	3570.757	1.000
学历	5.642E+10	2	2.821E+10	226.372	<.001	.492	452.744	1.000
性别	657125810.4	1	657125810.4	5.273	.022	.011	5.273	.630
学历 * 性别	549964391.2	2	274982195.6	2.207	.111	.009	4.413	.450
误差	5.832E+10	468	124613653.5					
总计	6.995E+11	474						
修正后总计	1.379E+11	473						

a. R^2 = .577（调整后 R^2 = .573）
b. 使用 Alpha = .05 进行计算

图 6-29

（5）估算边际平均值表

图6-30所示为估算边际平均值表，包含当前工资的平均值、标准误差、95%置信区间的下限以及上限。

总平均值

因变量: 当前工资

平均值	标准误差	95% 置信区间	
		下限	上限
43536.694	728.577	42105.007	44968.381

图 6-30

（6）当前工资的均一子集

图6-31所示为当前工资的均一子集，该表对在0.05显著水平上没有显著差异的组别进行了归类，作为同类子集。从图中可以看出，高中、大学和研究生的不同学历所对应的当前工资分属不同的子集，说明当前工资在各学历水平上的均值彼此差异巨大。另外，工资均值随学历的增加而增加，最少的是高中及以下水平，为$25,562.59，最高的是研究生水平，为$67,852.50，而大学水平的当前工资的均值位于上述两者之间，为$37,074.81。这也正证明了主体间效应检验的结果是正确的。

当前工资

	学历	N	子集		
			1	2	3
图基 HSD[a,b,c]	高中及以下	243	$25,562.59		
	大学	181		$37,074.81	
	研究生	50			$67,852.50
	显著性		1.000	1.000	1.000

将显示齐性子集中各个组的平均值。
基于实测平均值。
误差项是均方（误差）= 124613653.499。
a. 使用调和平均值样本大小 = 101.214。
b. 组大小不相等。使用了组大小的调和平均值。无法保证 I 类误差级别。
c. Alpha = .05。

图 6-31

（7）其他分析

图6-32～图6-34所示分别是当前工资的标准差与平均值散点图、方差与平均值散点图和边际平均值趋势图。从图6-32和图6-33可以看出，当前工资的均值在男女性别的两个水平上都随教育年限的增加呈上升趋势。从图6-34可以看出，学历和性别有交互效应，但是从主体间效应检验表可知，交互效应没有达到显著性程度。

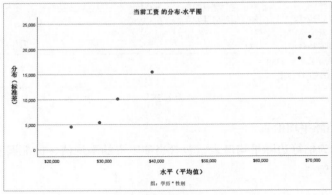

图 6-32

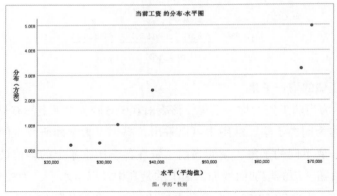

图 6-33

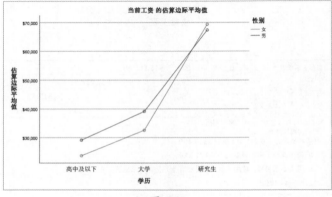

图 6-34

S 6.4 重复测量方差分析

重复测量是指对同一受试者的某项观测指标在不同时间点上进行多次测量，用于分析观察指标在不同时间上的变化规律。通过重复测量，可以获得对同一观测对象的某项观测指标进行多次测量的数据，即重复测量数据。重复测量数据在科学研究中十分常见。重复测量方差分析是对同一因变量进行重复测量的一种试验设计技术。在给予因变量一种或多种处理后，分别在不同的时间点上通过重复测量同一个受试者获得指标的观测值，或者是通过重复测量同一个受试者的不同部位（或组织）获得指标的观测值，如经济研究领域中的市场动态的研究；心理研究中观察不同时间段个体的心理调适能力；教育研究中观察不同学期学生成绩的变化，等等。

6.4.1 重复测量方差分析原理

重复测量数据的方差分析是对同一因变量进行重复测度的一种试验设计技术，可以是在同一条件下进行的重复测度，目的在于研究各种处理之间是否存在显著性差异；同时，研究受试者之间的差异、受试者几次测量之间的差异，以及受试者与各种处理间的交互效应。例如，研究一种教学方法对学生学习成绩的影响，在实验过程中，对受试者进行前测、后测，这种试验是在同一条件下进行的重复测度。重复测量数据方差分析也可以是在不同条件下进行的重复测度，目的在于研究各种处理之间是否存在显著性差异的同时，研究形成重复测度条件间的差异，以及这些条件与处理间的交互效应。

1. 重复测量方差分析需要满足的条件

- **正态性**：不同处理水平下的个体取自相互独立的随机样本，其总体均值服从正态分布。
- **方差齐性**：不同处理水平下的总体方差相等。
- 因变量的方差—协方差矩阵满足球形假设，即两对象的协方差等于其方差的均值减去一个常数。

2. 重复测量方差分析的假设检验

假设对同一组测量对象在 k 个不同的条件下进行重复测量，获得 k 个样本。那么，重复测量方差分析的零假设 H_0 为：k 个样本分别来自均值相同、方差相互独立的总体。SPSS将 k 次测量的样本看作 k 个因变量，做多元分析检验，如果 F 值大于临界值，就拒绝零假设，反之则接受零假设。

如果定义了组间因素变量，那么组间偏差平方和将反映该分组变量各水平间的差异。此时的零假设 H_0 为：该分组变量各水平下的样本来自均值相同的总体。若组间均方和的值远大于误差均方和，造成 F 值大于临界值，就否定零假设，反之则接受零假设。

在重复测量方差分析中，因变量应该为数值型变量，因素变量应该为分类变量，协变量应为与因变量相关的数值变量。分析前要对重复测量数据之间是否存在相关性进行球形检验。如果该检验结果为 $P > 0.05$，则说明重复测量数据之间不存在相关性，测量数据符合Huynh-Feldt条件(H-F条件)，可用重复测量设计的单变量方差分析方法来处理；如果检验结果 $P \leqslant 0.05$，则说明重复测量数据之间是存在相关性的，不能用单因素方差分析的方法处理数据。此时可以采用调整自由度的方法，需对与时间有关的 F 统计量分子、分母的自由度进行校正，或直接进行多变量方差分析。

6.4.2　重复测量方差分析的方法

重复测量方差分析分为3个基本步骤，具体分析如下。

1. 前提条件检验

重复测量方差分析需要满足下列假设。

- 因变量唯一，并且是连续变量。
- 受试者内（主体内）因素有3个或以上的水平。
- 不同处理条件下的因变量没有极端异常值。
- 独立性，不同处理水平的个体应该是相互独立的。
- 正态性，不同处理水平总体服从正态分布。
- 方差齐性，不同处理水平总体的方差应相同。
- 球形度假设，又称为处理差异方差齐性假设，指两个对象的协方差应该等于其方差的均值减去一个常数。

2. F 检验

重复测量方差分析因变量受到以下几个方面效应的影响。

- 主体内因素的独立作用。
- 主体间被试的独立作用。
- 变量间的交互作用。
- 随机因素的影响。

上述情况需要视具体情况而定，若是重复测量单因素方差分析，其原假设和单因素方差分析差不多。

3. 均值比较

若方差检验发现主体内因素或主体间因素对因变量有影响，则需要进行平均值比较。若是单因素重复测量方差分析，此时并没有主体间因素，所以检验发现主体内因素效应显著，就直接做主体内因素不同水平均值间的比较，即单因素方差分析所指的事后比较。若是多因素重复测量方差分析，则需要判断交互效应是否显著，交互效应显著则分析简单效应，交互效应不显著，就分析主效应。

案例实战：不同品牌手机耗电量分析

某测评机构对5个品牌手机的30款不同型号手机耗电量进行了测试，每个品牌选择6款手机。所有手机初始电量均为100%，在测试过程中分为半小时、一小时、三小时和五小时四个时间段，分别记录剩余电量。本案例将对此统计数据进行方差分析并得出结论。

1. 具体操作

Step 01 打开"不同品牌手机耗电量分析"数据文件，执行"分析"|"一般线性模型"|"重复测量"命令，如图6-35所示。

图 6-35

Step 02 打开"重复测量定义因子"对话框。在"受试者内因子名"下的文本框中输入"电量测试"，"级别数"文本框中输入水平数目5，单击"添加"按钮，将其加入列表框，如图6-36所示。

Step 03 在"测量名称"文本框中输入"手机续航"，单击"添加"按钮，将其加入列表框，如图6-37所示。最后单击"定义"按钮完成设置。

图 6-36

图 6-37

Step 04 打开"重复测量"对话框。选择"测试前"选项，单击 ⬇ 按钮，将其选入"受试者内变量"列表框中，如图6-38所示。

Step 05 随后继续将"半小时测试"～"五小时测试"依次选入"受试者内变量"列表框，单击"图"按钮，如图6-39所示。

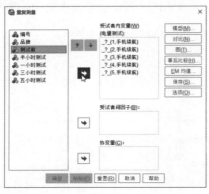
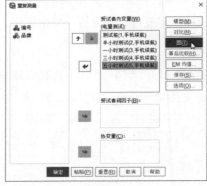

图6-38　　　　　　　　　　　　　　图6-39

Step 06 打开"重复测量：轮廓图"对话框，将"因子"列表框中的"电量测量"选入"水平轴"列表框中，如图6-40所示。

Step 07 单击"添加"按钮，将水平轴中的变量添加到"图"列表框，如图6-41所示，随后单击"继续"按钮返回"重复测量"对话框，如图6-42所示。

图6-40　　　　　　　　　　图6-41　　　　　　　　　　图6-42

Step 08 单击"EM均值"按钮，如图6-43所示。

Step 09 打开"重复测量：估算边际平均值"对话框，将"电量测试"选入"显示下列各项的平均值"列表框，并勾选"比较主效应"复选框，单击"继续"按钮，如图6-44所示。最后返回上一级对话框，单击"确定"按钮，在"查看器"窗口输出分析结果。

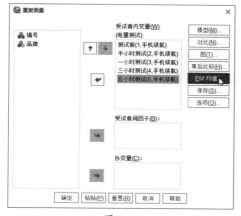
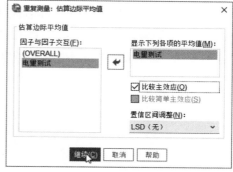

图 6-43 | 图 6-44

2. 结果分析

（1）基本描述表

图6-45所示为基本描述表，表格中给出了主体内因子的个数。图6-46所示为边际平均值的描述统计指标，包括平均值、标准误差以及95%置信区间的下限和上限。

<table>
<tr><th colspan="2">主体内因子</th></tr>
<tr><td colspan="2">测量：手机续航</td></tr>
<tr><th>电量测试</th><th>因变量</th></tr>
<tr><td>1</td><td>测试前</td></tr>
<tr><td>2</td><td>半小时测试</td></tr>
<tr><td>3</td><td>一小时测试</td></tr>
<tr><td>4</td><td>三小时测试</td></tr>
<tr><td>5</td><td>五小时测试</td></tr>
</table>

图 6-45

<table>
<tr><th colspan="5">估算值</th></tr>
<tr><td colspan="5">测量：手机续航</td></tr>
<tr><th rowspan="2">电量测试</th><th rowspan="2">平均值</th><th rowspan="2">标准误差</th><th colspan="2">95% 置信区间</th></tr>
<tr><th>下限</th><th>上限</th></tr>
<tr><td>1</td><td>100.000</td><td>.000</td><td>100.000</td><td>100.000</td></tr>
<tr><td>2</td><td>92.207</td><td>.395</td><td>91.398</td><td>93.016</td></tr>
<tr><td>3</td><td>77.517</td><td>1.003</td><td>75.462</td><td>79.572</td></tr>
<tr><td>4</td><td>49.552</td><td>1.876</td><td>45.709</td><td>53.394</td></tr>
<tr><td>5</td><td>20.310</td><td>2.773</td><td>14.631</td><td>25.990</td></tr>
</table>

图 6-46

（2）球形度检验及 *F* 检验

图6-47所示为球形度检验及 *F* 检验，图中给出的是Mauchly球形度检验的结果，其是测量方差分析很重要的一个前提条件。近似卡方值为243.778，$P<0.01<0.05$，说明不符合球形度检验。不符合球形度检验需要做修正，系统给出了格林豪斯-盖斯勒（Greenhouse-Geisser）、辛-费德特（Huynh-Feldt）和下限（Lower-bound）三种修订方法。在实际应用中一般只使用前两种方法，计算的Epsilon越小，说明违反球形度检验的程度越大，当计算的Epsilon等于1时，则说明其完美服从了球形度检验。

<table>
<tr><th colspan="7">Mauchly 球形度检验[a]</th></tr>
<tr><td colspan="7">测量：手机续航</td></tr>
<tr><th rowspan="2">主体内效应</th><th rowspan="2">Mauchly W</th><th rowspan="2">近似卡方</th><th rowspan="2">自由度</th><th rowspan="2">显著性</th><th colspan="3">Epsilon[b]</th></tr>
<tr><th>格林豪斯-盖斯勒</th><th>辛-费德特</th><th>下限</th></tr>
<tr><td>电量测试</td><td>.000</td><td>243.778</td><td>9</td><td><.001</td><td>.274</td><td>.277</td><td>.250</td></tr>
</table>

检验"正交化转换后因变量的误差协方差矩阵与恒等矩阵成比例"这一原假设。

a. 设计：截距
　主体内设计：电量测试

b. 可用于调整平均显著性检验的自由度。修正检验将显示在"主体内效应检验"表中。

图 6-47

（3）主体内效应检验分析表

图6-48所示为主体内效应检验分析表，本案例不符合球形度检验，因此需要查看修正数据，即"格林豪斯-盖斯勒""辛-费德特"和"下限"的数据。从图中可以看到，"电量测试"的效应检验F值的显著性均为765.920，显著性$P<0.01$，表明不仅电量测试之间差异显著，而且诱导方法不同造成的电量测试均值差异也很显著。

主体内效应检验

测量：手机续航

源		III 类平方和	自由度	均方	F	显著性
电量测试	假设球形度	125139.628	4	31284.907	765.920	<.001
	格林豪斯-盖斯勒	125139.628	1.098	113996.073	765.920	<.001
	辛-费德特	125139.628	1.109	112839.038	765.920	<.001
	下限	125139.628	1.000	125139.628	765.920	<.001
误差(电量测试)	假设球形度	4574.772	112	40.846		
	格林豪斯-盖斯勒	4574.772	30.737	148.835		
	辛-费德特	4574.772	31.052	147.325		
	下限	4574.772	28.000	163.385		

图 6-48

（4）主体间效应检验

图6-49所示为主体间效应的检验结果。显著性$P<0.01<0.05$，达到显著水平，说明不同诱导方法之间有统计学的差异。

主体间效应检验

测量：手机续航

转换后变量：平均

源	III 类平方和	自由度	均方	F	显著性
截距	668848.993	1	668848.993	3424.596	<.001
误差	5468.607	28	195.307		

图 6-49

（5）边际平均值趋势图

图6-50所示为手机续航估算边际平均值趋势图，从图中可以看出不同品牌手机电量消耗的差异情况。品牌1的续航能力最佳，具体而言，品牌1好于品牌2，品牌2好于品牌3，品牌3好于品牌4，品牌4好于品牌5。

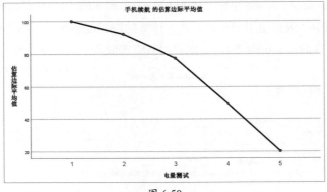

图 6-50

第**7**章
相关分析

　　客观事物之间并非独立存在，而是彼此之间有一定的联系，并且可以通过一定的数量关系表现出来。这种事物之间的依存关系一般可分为函数关系和相关关系两类。所谓函数关系，就是能够从数量上反映出来的一种事物之间严格的依存关系，即当一个或几个变量取一定的值时，另一个变量必然有某个确定的值与之相对应。换言之，函数关系指的是变量之间一一对应的确定关系。这种关系可以用函数式 $y = f(x)$ 来表示。另外，有些事物之间虽然相互影响、相互依存，但却不是一一对应关系，也就是说，当一个或几个相关联的变量取一定值时，与之对应的另一变量的值虽然也发生一定的变化，但变化值不是确定的数值，而是按照某种规律在一定范围内变化的数值。事物之间的这种非确定性关系，在统计学上称为相关关系。对事物的相关关系的分析就是相关分析。本章将对相关分析应用的概述、偏相关分析以及距离相关分析进行介绍。

相关的概念与计算方法最早是由英国遗传学家高尔顿（Galton）提出的，并由其学生皮尔逊（Pearson）完善。相关就是指两事物之间依存关系的强度。相关分析则是研究事物之间是否存在某种依存关系，并对这种依存关系的强度及方向进行探讨，是研究随机变量之间的相关关系的一种统计方法。

7.1.1 相关关系的分类

变量之间的相关关系按照不同的标准有不同的分类。

1. 按相关强度划分

按相关强度，相关关系可分为完全相关、不完全相关和零相关。当一个变量的数值变化完全由另一个变量的数值变化来决定时，两者的关系就是完全相关关系；当两个变量彼此互不影响，其数值变化各自独立时，就是零相关关系；而不完全相关则是指变量之间不是一一对应的关系，当一个变量取一定值时，另一变量的数值虽然也发生变化，却无法用确定的值与之相对应，这也是相关关系的主要研究对象。

2. 按相关方向划分

按相关方向，相关关系可分为正相关和负相关。正相关是指两个变量的数值变化方向一致，表现为同增或同减的关系；负相关是指两个变量的数值变化方向相反，表现为一增一减的关系。

将相关的方向性和强度相结合，可以把相关关系归结为完全正相关、完全负相关、正相关、负相关和零相关。

3. 按表现形态划分

按表现形态，相关关系可分为线性相关和非线性相关。当一个变量的值发生变化时，另外一个变量也会发生大致相同的变化。在直角坐标系中，如两变量的观测值的分布大致在一条直线上，则两变量之间的相关关系为线性相关或直线相关；如果一个变量发生变化，另外的变量也随之变化，但是其观测值近似地分布在一条曲线上，则变量之间的相关关系为非线性相关或曲线相关。本章主要对变量之间的线性相关进行分析研究。

4. 按影响因素划分

按影响因素，相关关系可分为单相关、偏相关和复相关。单相关是指两个变量之间的关系，即一个因变量和一个自变量之间的相关关系，在本章中即二元变量相关分析；偏相关是指某一变量与多个变量相关时，假定其他变量不变的条件下其中两个变量的相关关系，在本章中即偏相关分析；复相关是指三个或三个以上的变量之间的关系，即一个因变量对两个或两个以上自变量的相关关系，在本章中即距离相关分析。

7.1.2 相关系数

相关关系是衡量变量之间相关程度的一个量值。总体相关系数记作 ρ，样本相关系数记作 r。在统计学上，一般用样本相关系数 r 来推断相关系数 ρ。相关系数不是等距度量值，而是一个顺序数据。计算相关系数一般需大样本（样本容量 $n \geq 30$）。

利用相关系数进行变量间相关关系的分析通常需要两个步骤。

1. 计算样本相关系数 r

样本相关系数 r 的取值一般介于 $-1 \sim 1$，即 $-1 \leq r \leq +1$。

如果 $0 < r \leq 1$，表明变量之间为正相关，即两变量变化方向相同。

如果 $-1 \leq r < 0$，表明变量之间为负相关，即两变量变化方向相反。

其中，如果 $r = 1$，变量之间即为完全正相关；如果 $r = -1$，变量之间即为完全负相关。这时两变量之间是函数关系。如果 $r = 0$，表明变量之间不存在线性相关关系，但有可能存在某种非线性相关关系。

两变量之间的相关强度的大小如表7-1所示。

表7-1

相关系数绝对值	相关强度	相关系数绝对值	相关强度
$\lvert r \rvert = 0$	零相关	$0.5 < \lvert r \rvert \leq 0.8$	显著相关
$0 < \lvert r \rvert \leq 0.3$	弱相关	$0.8 < \lvert r \rvert < 1$	高度相关
$0.3 < \lvert r \rvert \leq 0.5$	低相关	$\lvert r \rvert = 1$	完全相关

2. 对相关系数进行假设验证

由于存在抽样的随机性和样本数量较少等原因，样本相关系数 r 不能直接用来代替总体相关系数 ρ 来说明样本来自的总体是否具有显著的线性相关性，而需要通过对总体相关系数 ρ 进行假设检验，才能对样本来自的总体是否存在显著的线性相关关系进行统计推断。基本步骤如下。

①提出零假设：总体相关系数 $\rho = 0$，即两总体无显著的线性关系。

②计算检验统计量和相伴概率 P 值。如果 $P \leq \alpha$（率先给定的值，如0.05），则拒绝零假设，认为两总体存在显著的线性相关关系；如果 $P > \alpha$，则不能拒绝零假设，认为两总体间不存在显著的线性相关关系。

SPSS对不同类型的变量采用不同的相关系数分析来度量其相关性，常用的相关系数主要有Pearson相关系数、Spearman等级相关系数和Kendall's tau-b等级相关系数等，用于二元变量的相关分析。此外，SPSS的相关分析还可以进行偏相关分析和距离相关分析。

S 7.2 散点图

散点图只是一种探索性分析方法，用户从中可以大概发现变量之间相关关系的强弱和方向。

7.2.1 散点图概述

变量之间的相关关系可以通过散点图和相关系数来表现。绘制散点图是将数据以点的形式画在直角坐标系中，是观测两个变量之间关系的一种非常直观的方法。通常情况是以自变量为横轴，因变量为纵轴，将两个变量相对应的观测值以点的形式逐一标注在直角坐标系中，通过这些点的分布形状、模式和疏密来直观地描述两变量之间的相关关系。

7.2.2 散点图相关案例分析

SPSS提供了两种绘制散点图的方式。

方法一，通过执行"图形"|"旧对话框"|"散点图/点图"命令来完成。

方法二，通过执行"图形"|"图表构建器"命令来完成。

某生物公司研究某种益生菌的活性随着时间的增加活性的变化。本次研究通过绘制该数据文件的散点图来直观地观察该益生菌的活性和时间增长的关系。是否培养时间越长，益生菌活性也会越多呢？接下来使用方法一说明绘制散点图的具体步骤。

Step 01 打开"时间对益生菌活性的影响"数据文件，执行"图形"|"旧对话框"|"散点图/点图"命令，如图7-1所示。

Step 02 打开"散点图/点图"对话框。在对话框内可以选择简单散点图、重叠散点图、矩阵散点图、三维散点图以及简单点图，此处选择"简单散点图"选项，单击"定义"按钮，如图7-2所示。

图 7-1

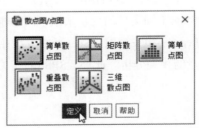

图 7-2

Step 03 打开"简单散点图"对话框，如图7-3所示。将"培养天数"选入"Y轴"列表框，将"益生菌活性"选入"X轴"列表框，单击"确定"按钮，如图7-4所示。

图 7-3

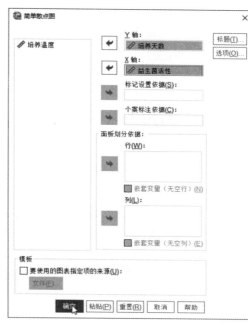

图 7-4

Step 04 输出简单分布散点图，如图7-5所示，从中可以看出该益生菌的活性和时间呈线性相关关系，即益生菌活性随着时间的增长持续降低。

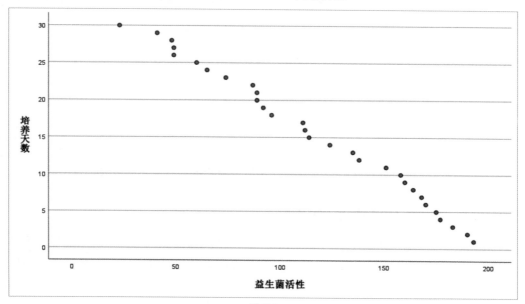

图 7-5

在实际生活中，一个事物的变化往往受到多个事物的影响，而非完全的二元相关关系。因此，这就使得二元变量相关系数不能真正反映两个变量间的线性相关程度。那么，当两个变量的取值受到其他变量的影响时，可以利用偏相关分析对其他变量进行控制，以输出控制其他变量影响后的相关系数，这就是偏相关分析过程。

7.3.1 偏相关分析原理

偏相关分析的任务就是在分析两个变量之间的线性相关关系时，控制可能对其产生影响的变量，以使分析结果更准确可靠，这便是偏相关分析的意义所在。偏相关分析也称净相关分析，分析依据是偏相关系数。当有1个控制变量时，偏相关系数称为一阶偏相关；有2个控制变量时，偏相关系数称为二阶偏相关；当控制变量为0个时，偏相关系数称为零阶偏相关，也就是Pearson简单相关系数。

偏相关分析的零假设为：两总体的偏相关系数与零无显著差异。

假设分析中有三个变量x、y、z，在分析x和y的相关性时需控制变量z，那么x、y之间的一阶偏相关系数计算公式为：

$$r_{xy,z} = \frac{r_{xy} - r_{xz}\, r_{yz}}{\sqrt{\left(1 - r_{xz}^2\right)\left(1 - r_{yz}^2\right)}}$$

如果要控制两个变量z_1、z_2，那么变量x、y之间的二阶偏相关系数计算公式为：

$$r_{xy,z_1 z_2} = \frac{r_{xy.z_1} - r_{xz_2.z_1}\, r_{yz_2.z_1}}{\sqrt{\left(1 - r_{xz_2.z_1}^2\right)\left(1 - r_{yz_2.z_1}^2\right)}}$$

偏相关系数假设检验的t统计量为：

$$t = \frac{\sqrt{n - k - 2} \cdot r}{\sqrt{1 - r^2}}$$

其中，r是相应的偏相关系数，n是样本数，k是控制变量的数目，$n-k-2$是自由度。

7.3.2 偏相关分析案例讲解

通过7.3.1节的案例可以得知，益生菌活性和时间有显著的相关性。时间的延长确实会对益生菌活性有重大影响吗？益生菌活性是否还受其他因素影响呢？本例通过偏相关分析来研究益生菌活性是否受到温度这一因素的影响。该分析的具体步骤如下。

Step 01 打开"时间对益生菌活性的影响"数据文件，执行"分析"|"相关"|"偏相关性"命令，如图7-6所示。

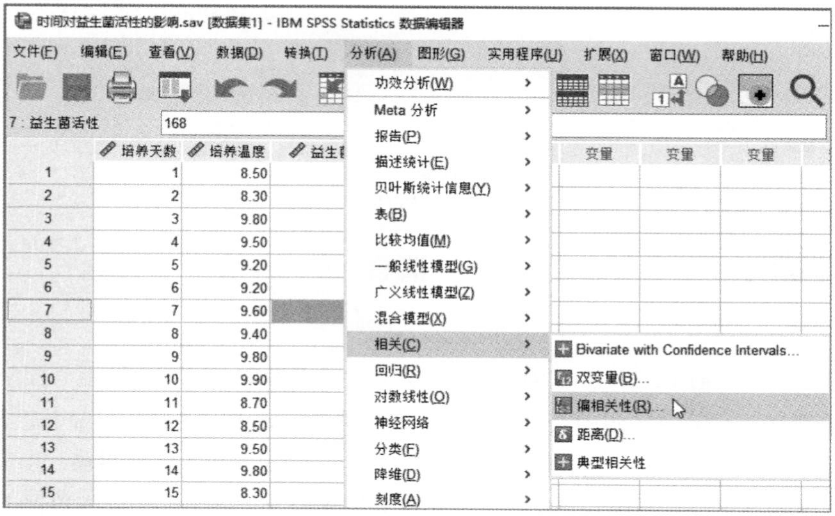

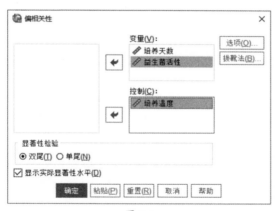

图 7-6

Step 02 打开"偏相关性"对话框。将左侧列表框内的变量"培养天数"和"益生菌活性"选入右侧"变量"列表框；将"培养温度"选入右侧"控制"列表框，其他选项保持默认，如图7-7所示。

图 7-7

Step 03 单击"选项"按钮，打开"偏相关性：选项"对话框，勾选"零阶相关性"复选框，以显示所有变量（包括控制变量）之间简单相关的矩阵。"缺失值"选项组保持系统默认设置"成列排除个案"。单击"继续"按钮，返回上一级对话框，如图7-8所示。

Step 04 单击"确定"按钮，如图7-9所示。

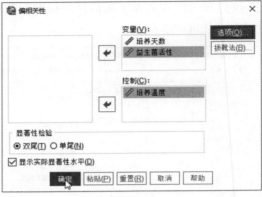

| 图 7-8 | 图 7-9 |

Step 05 系统输出结果如图7-10所示。从图中可以看出，以培养温度为控制变量时，益生菌活性和培养天数之间的相关系数没有发生变化，都是-0.995，且显著性P值均小于0.01，呈显著相关状态，这表明益生菌活性和培养温度的相关程度很弱。由于本例培养温度的差异不大，若想得到更精确的测试结果，还需要更大温度差异的数据支持。

相关性

控制变量			培养天数	益生菌活性	培养温度
- 无 -[a]	培养天数	相关性	1.000	-.995	-.162
		显著性（双尾）	.	<.001	.393
		自由度	0	28	28
	益生菌活性	相关性	-.995	1.000	.169
		显著性（双尾）	<.001	.	.373
		自由度	28	0	28
	培养温度	相关性	-.162	.169	1.000
		显著性（双尾）	.393	.373	.
		自由度	28	28	0
培养温度	培养天数	相关性	1.000	-.995	
		显著性（双尾）	.	<.001	
		自由度	0	27	
	益生菌活性	相关性	-.995	1.000	
		显著性（双尾）	<.001	.	
		自由度	27	0	

a. 单元格包含零阶（皮尔逊）相关性。

图 7-10

7.4 距离相关分析

现实生活中事物之间的相关性往往错综复杂，涉及的变量很多，且代表的信息也非常繁杂。一般情况下通过观察无法厘清这些变量与其观测值之间的内在关系。为了判别错综复杂的变量与其观测值之间是否具有相似性，是否属于同一类别，可以采用更为复杂的分析手段——距离相关分析。

7.4.1　距离相关分析原理

SPSS的距离相关分析用于对不同个案（样本）间或同一变量的不同观测值间进行相似性或不相似性的测量。距离相关分析的结果可为进一步的因子分析、聚类分析和多维尺度分析等提供信息，以帮助了解复杂数据的内在结构，为进一步分析打下基础。因此，距离相关分析通常不单独使用，所以其分析结果不会给出显著性P值，而只是给出各个案（样本）或各观测值之间距离的大小，再由使用者自行判断其相似或不相似的程度。

距离相关分析根据统计量的不同，可分为两种情况。

（1）非相似性测量

计算个案（样本）或变量值之间的距离。其数值越大，表示相似的程度越弱。

（2）相似性测量

计算个案（样本）或变量值之间的Pearson相关系数或Cosine相关。取值范围为$-1\sim+1$，其数值越大，表示相似程度越高。

两种测量又各有多种数据计算方法，具体参见8.4.2节案例应用中的详细解释。

7.4.2　距离相关分析估算方法

距离相关分析方法可以分为个案间距离和变量间距离两种，分析方法又分为相似性和不相似性两种。可以总结为四种情况，即个案的相似与不相似分析，以及变量的相似与不相似分析。根据数据类型的不同，相似与不相似分析的方法也有所不同。

1. 相似分析

分析变量和个案间的相似性，需要根据不同的数据类型选择不同的方法。若是定距型变量，相似性有Pearson相关系数和夹角余弦距离；对于二元变量的相似性，主要包括单匹配系数、杰卡德相似性指数以及哈曼相似性指数等。

2. 不相似分析

不相似分析以计算距离作为指标，即距离越大越不相似。距离的计算方式有很多种，根据数据类型的不同应该采用不同的公式。若数据为定比和定距数据，距离或不相似分析可以采用以下几种方法。

- 欧氏距离。
- 平方欧氏距离。
- 契比雪夫距离。
- 绝对值距离。
- 明可夫斯基距离。

若是定序数据，可以采用卡方不相似测量和Phi不相似测量；若是二分数据，则可以使用欧氏距离和平方欧氏距离等方法。

案例实战：分析多款智能扫地机的产品参数

目前市场上智能扫地机非常受大众喜爱，不同品牌和型号的智能扫地机产品功能和价格也大有不同。本案例针对几款热销智能扫地机的价格、电池大小、吸力、拖地方式、抹布转速、质保年限等参数进行对比，分析各型号的智能扫地机的相似程度，为用户的购买提供参考。

1. 具体操作

Step 01 打开"多款扫拖一体机器人参数分析"数据文件，执行"分析"|"相关"|"距离"命令，如图7-11所示。

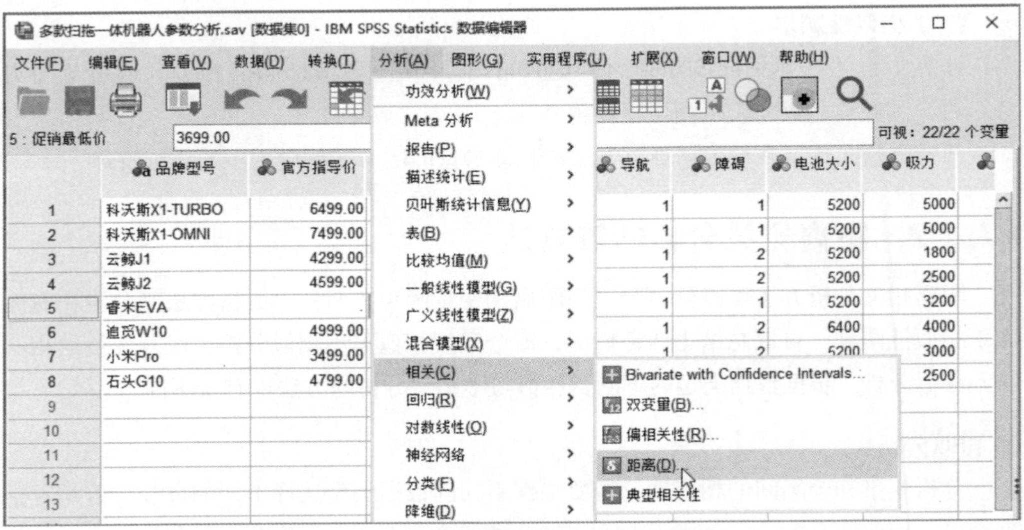

图 7-11

Step 02 打开"距离"对话框。从左侧列表框中选择"官方指导价""销售最低价""电池大小""吸力""尘盒""抹布压力""抹布旋转""拖地面积""水箱容量""抹布吹干""质保（年）"11个变量，依次单击▶按钮，将这些变量选入右侧"变量"列表框，如图7-12所示。

Step 03 随后将变量"品牌型号"选入"个案标注依据"列表框，用于对分析结果进行明确的标注。在"计算距离"选项组中选中"个案间"单选按钮，同时在"测量"选项组中选中"非相似性"单选按钮，如图7-13所示。

Step 04 在"距离"对话框的"测量"选项组中单击"测量"按钮，打开"距离：非相似性测量"对话框，因为是连续数据，本例采用的方法是默认的"欧氏距离"。除了"欧氏距离"，用户也可以选择其他指标，如图7-14所示。如果不是连续数据，而是"计数"或"二元"，也可以根据数据类型选择相应的方法。选择完成后单击"继续"按钮，返回"距离"对话框，最后单击"确定"按钮，提交系统分析。

| 图 7-12 | 图 7-13 |

知识点拨

　　"个案间"用于计算个案之间的距离。"变量间"用于计算变量间的距离。

图 7-14

2. 结果分析

（1）个案处理摘要

　　从图7-15所示的报告中可以看出，本次分析个案总数为8，有效个案数为6，占比75%。缺失个案数为2，占比25%。

个案处理摘要

		个案			
有效		缺失		总计	
个案数	百分比	个案数	百分比	个案数	百分比
6	75.0%	2	25.0%	8	100.0%

图 7-15

（2）距离相关分析结果

从如图7-16所示的报表中发现，其呈现的是非相似性矩阵，数值越大，代表相似度越弱；反之，数值越小，代表相似度越高。从矩阵中可以看出，"云鲸J1"和"云鲸J2"两种型号的智能扫地机欧氏距离最小，为768.116，相似性最强。根据SPSS数据编辑器中的数据，"云鲸J1"和"云鲸J2"在进行对比的11个变量中，除了"官方指导价""促销最低价""抹布吹干""质保"这四项上有很小的差别，其他变量均相同。因此可以说明这两款智能扫地机无论从各项参数上还是价格上都十分接近。

另一方面，非相似性差别最大的智能扫地机是"科沃斯X1-OMNI"和"小米Pro"，欧氏距离为5224.836，这两款产品无论是从价格还是各项参数上差别都很大，属于完全不同的档次。这种距离相关分析的结果，可以为客户购买心仪的产品提供参考价值。

近似值矩阵

			欧氏距离			
	1. 科沃斯X1-TURBO	2. 科沃斯X1-OMNI	3. 云鲸J1	4. 云鲸J2	6. 追觅W10	7. 小米Pro
1. 科沃斯X1-TURBO	.000	1414.214	4064.594	3327.298	2442.808	3987.345
2. 科沃斯X1-OMNI	1414.214	.000	5031.989	4367.025	3628.679	5224.836
3. 云鲸J1	4064.594	5031.989	.000	768.116	2616.334	1528.660
4. 云鲸J2	3327.298	4367.025	768.116	.000	1978.687	1351.592
6. 追觅W10	2442.808	3628.679	2616.334	1978.687	.000	2256.635
7. 小米Pro	3987.345	5224.836	1528.660	1351.592	2256.635	.000

这是非相似性矩阵

图 7-16

第8章

回归分析

　　错综复杂的事物之间的关系大致可分为确定性的函数关系和非确定性的相关关系。对事物相关关系的分析称为相关分析，然而相关分析只能用于探索事物之间相互依存的密切程度，但这远远不够，因此需要建立影响因素与相应变量之间的统计关系，并通过自变量对因变量做出预测，即回归分析。回归分析是除相关分析之外的另一种研究两个或两个以上变量相关关系的重要统计方法。SPSS的回归分析功能包括线性回归、曲线回归、非线性回归等。

当需要明确一个变量的变化对另一变量数值的影响的大小时，可以进行回归分析。所谓回归分析，就是通过一个或多个自变量对因变量进行解释和预测的统计分析方法，要求因变量是随机变量，自变量是数值变量。回归分析与相关关系有联系又有区别：相关关系不区分自变量和因变量，只讨论变量之间的共变强度和方向，使用的工具是相关系数；而回归分析区分自变量（也称预测变量、解释变量）和因变量(也称结果变量、被解释变量)，通过一定的数学表达式来描述其相关关系，并在一定的共变关系基础上，讨论自变量对因变量的解释和预测能力。因此，可以理解为相关分析是回归分析的基础，回归分析是相关分析的拓展。

回归分析按照自变量和因变量之间的关系类型，可分为线性回归分析和非线性回归分析；按照涉及的自变量的多少，又可分为一元回归分析和多元回归分析。在回归分析中，如果只包括一个自变量和一个因变量，且二者的关系可用一条直线近似表示，这种回归分析称为一元线性回归分析；如果包括两个或两个以上的自变量，且因变量和自变量之间是线性关系，则称为多元线性回归分析。

线性回归分析侧重考察变量之间的数量变化规律，并通过线性表达式，即线性回归方程来描述其关系，进而确定一个或几个变量的变化对另一个变量的影响程度，为预测提供科学依据。

线性回归分析的基本步骤如下。

第一步，确定回归方程中的自变量和因变量。

第二步，从收集的样本数据出发，确定自变量和因变量之间的数学关系式，即确定回归模型。

第三步，在一定统计拟合准则下估计模型中的各参数，得到一个确定的回归方程。

第四步，对回归方程进行各种统计检验。

第五步，利用回归方程进行预测。

8.1.1 一元线性回归原理

当自变量和因变量之间呈显著的线性关系时，应采用线性回归的分析方法，建立因变量关于自变量的线性回归模型。线性回归分析是最基本的回归分析方法，其假设自变量和因变量之间存在线性关系。同时，假设在这一关系中有 p 个自变量 $x_1, x_2, \cdots, x_p$；因变量为 y，且 y 的总体均数为 $\mu_y = \beta_0 + \beta_1 x_1 + \beta_2 x_2 + \cdots + \beta_p x_p$，随机误差 $\varepsilon \sim N(0, \sigma^2)$ 且独立，则线性回归模型可以表示为：

$$y = \beta_0 + \beta_1 x_1 + \beta_2 x_2 + \cdots + \beta_p x_p + \varepsilon$$

其中，y为因变量，又或为结果变量、被解释变量，必须是随机变量；$x_1, x_2, \cdots, x_p$称为自变量、控制变量、解释变量或者预测变量，可以是随机变量，也可以是一般变量；ε称为随机误差，也是随机变量；$\beta_0, \beta_1, \cdots, \beta_p$称为回归系数，为待定常数，与随机误差$\varepsilon$的方差$\sigma^2$共同称为回归参数；其中$\beta_0$为常数项或称为截距，表示当自变量变动一个单位所引起的因变量的平均变动值；p为自变量的个数。

当$p=1$时，该线性回归称为一元线性回归分析或简单线性回归分析；当$p \geq 2$时，称为多元线性回归分析，此时的回归系数也称为偏回归系数。

根据模型中解释变量的个数，线性回归模型可分为一元线性回归模型和多元线性回归模型，相应的分析称为一元线性回归分析和多元线性回归分析。

一元线性回归模型是指只有一个解释变量的线性回归模型，用于揭示被解释变量（因变量）与另一解释变量（自变量）之间的线性关系。一元线性回归模型是在不考虑其他影响因素或比较理想化的分析条件下的模型。

一元回归模型的一般形式记为$\eta(x) = \beta_0 + \beta_1 x$，并设观测值为$y$，则

$$y = \beta_0 + \beta_1 x + \varepsilon$$

为了便于作估计和假设检验，总是假设$E(\varepsilon) = 0, D(\varepsilon) = \sigma^2$，亦即$\varepsilon \sim N(0, \sigma^2)$，则随机变量

$$y \sim N(\beta_0 + \beta_1 x, \sigma^2)$$

假设有一组试验数据$(x_i, y_i)(i = 1, 2, \cdots, n)$，并假设$y_i(i = 1, 2, \cdots, n)$是相互独立的随机变量，则有

$$y_i = \beta_0 + \beta_1 x_i + \varepsilon_i, i = 1, 2, \cdots, n$$

其中ε_i是相互独立的，且$\varepsilon_i \sim N(0, \sigma^2)$，$y_i \sim N(\beta_0 + \beta_1 x_i, \sigma^2)$。

若用$\hat{\beta}_0$和$\hat{\beta}_1$分别表示β_0和β_1的估计值，则称$\hat{y} = \hat{\beta}_0 + \hat{\beta}_1 x$为$y$关于$x$的一元线性回归方程。

8.1.2 多元线性回归原理

与一元线性回归模型相对应，多元线性回归模型是指有多个解释变量的线性回归模型，用于揭示被解释变量与其他多个解释变量之间的线性关系。其数学模型是

$$y = \beta_0 + \beta_1 x_1 + \beta_2 x_2 + \cdots + \beta_p x_p + \varepsilon$$

对于观察值(y_1, X_1)，(y_2, X_2)，$\cdots$，(y_n, X_n)，其中$X_i = (x_{i1}, x_{i2}, \cdots, x_{ip})$，$(i = 1, 2, \cdots, n)$，对应的线性回归模型为：

$$y_i = \beta_0 + \beta_1 x_{i1} + \beta_2 x_{i2} + \cdots + \beta_p x_{ip} + \varepsilon_i$$

随机误差$\varepsilon_i \sim N(0, \sigma^2)$且独立。

若用$\hat{\beta}_0, \hat{\beta}_1, \cdots, \hat{\beta}_p$表示$\beta_0, \beta_1, \cdots, \beta_p$的估计值，于是就有

$$\hat{y} = \hat{\beta}_0 + \hat{\beta}_1 x_1 + \cdots + \hat{\beta}_p x_p$$

该公式就是多元线性回归方程。

8.1.3 回归方程的参数估计

线性回归方程确立之后的任务就是利用所收集的样本数据，根据一定的统计拟合准则，对方程中的各参数进行估计。较为常用的统计拟合准则是普通最小二乘法，据此得到的回归参数的估计称为普通最小二乘估计。普通最小二乘估计的基本原理是：利用观察或收集到的因变量和自变量的一组数据，建立一个因变量关于自变量的线性函数模型，使得这个模型的预测值和观察值之间的离差平方和尽可能地小，即残差平方和最小。

1. 一元线性回归模型的参数估计

用最小二乘法估计 β_0、β_1 值，即取 β_0、β_1 的一组估计值 $\hat{\beta}_0$、$\hat{\beta}_1$，使其随机误差 ε_i 的平方和达到最小，即使 y_i 与 $\hat{y}_i = \hat{\beta}_0 + \hat{\beta}_1 x_i$ 的拟合达到最佳。若记 $Q(\beta_0, \beta_1) = \sum_{i=1}^{n}(y_i - \beta_0 - \beta_1 x_i)^2$，则

$$Q(\hat{\beta}_0, \hat{\beta}_1) = \min_{\beta_0, \beta_1} Q(\beta_0, \beta_1) = \sum_{i=1}^{n}(y_i - \hat{\beta}_0 - \hat{\beta}_1 x_i)^2$$

显然 $Q(\beta_0, \beta_1) \geqslant 0$，则由多元函数存在极值的必要条件可得

$$\begin{cases} \left.\dfrac{\partial Q}{\partial \beta_0}\right|_{(\hat{\beta}_0, \hat{\beta}_1)} = 0 \\ \left.\dfrac{\partial Q}{\partial \beta_1}\right|_{(\hat{\beta}_0, \hat{\beta}_1)} = 0 \end{cases} \quad 即 \begin{cases} \sum_{i=1}^{n}(y_i - \hat{\beta}_0 - \hat{\beta}_1 x_i) = 0 \\ \sum_{i=1}^{n}(y_i - \hat{\beta}_0 - \hat{\beta}_1 x_i)x_i = 0 \end{cases}$$

此方程组称为正规方程组，求解可得 $\begin{cases} p_0 = y - p_1 x \\ \hat{\beta}_1 = l_{xy} / l_{xx} \end{cases}$，称 $\hat{\beta}_0$、$\hat{\beta}_1$ 为 β_0、β_1 的最小二乘估计，其中

$$\bar{y} = \frac{1}{n}\sum_{i=1}^{n}y_i, \bar{x} = \frac{1}{n}\sum_{i=1}^{n}x_i, l_{xx} = \sum_{i=1}^{n}(x_i - \bar{x})^2 = \sum_{i=1}^{n}x_i^2 - \frac{1}{n}\left(\sum_{i=1}^{n}x_i\right)^2$$

$$l_{xy} = \sum_{i=1}^{n}(x_i - \bar{x})(y_i - \bar{y}) = \sum_{i=1}^{n}x_i y_i - \frac{1}{n}(\sum_{i=1}^{n}x_i)(\sum_{i=1}^{n}y_i)$$

在回归分析中，SPSS会自动完成参数估计，并给出估计值。

2. 多元线性回归模型的参数估计

选取 β 的一个估计值，记为 $\hat{\beta}$，使随机误差 ε 的平方和达到最小，即

$$\min_{\beta} \varepsilon^{\mathrm{T}} \cdot \varepsilon = \min_{\beta}(\boldsymbol{Y} - \boldsymbol{X} \cdot \beta)^{\mathrm{T}}(\boldsymbol{Y} - \boldsymbol{X} \cdot \beta)$$

$$= (\boldsymbol{Y} - \boldsymbol{X} \cdot \hat{\beta})^{\mathrm{T}}(\boldsymbol{Y} - \boldsymbol{X} \cdot \hat{\beta}) \triangleq Q(\hat{\beta})$$

写成分量形式：

$$Q(\beta_1, \beta_2, \cdots, \beta_m) = \sum_{i=1}^{n}[y_i - \beta_1 \varphi_1(u_i) - \beta_2 \varphi_2(u_i) - \cdots - \beta_m \varphi_m(u_i)]^2$$

则
$$Q(\hat{\beta}_1, \hat{\beta}_2, \cdots, \hat{\beta}_m) = \min_{\beta_i} Q(\beta_1, \beta_2, \cdots, \beta_m)$$

其中，ε 为随机误差，且 $\varepsilon \sim N(0, \sigma^2), \varphi_i(u), i = 1, 2, \cdots, m$ 均为实际问题的解释变量，是已知函数。

在回归分析中，SPSS会自动完成参数估计，并给出估计值。

8.1.4 模型假设的其他检验

1. 回归方程的拟合优度检验

回归方程的拟合优度检验，是检验样本数据点聚集在回归线周围的密集程度，从而评价回归方程对样本数据的代表程度。拟合优度检验从被解释变量 y 取值变化的成因分析入手。一种成因是由于解释变量 x 的取值变化造成的；另一种是由其他随机变量 ε 造成的。由 x 的变化引起的 y 的变差平方和即回归平方和 $SS_R = \sum_{i=1}^{n}(\hat{y}_i - \overline{y})^2$，由随机变量引起的 y 的变差平方和叫作剩余平方和或残差平方和 $SS_E = \sum_{i=1}^{n}(y_i - \hat{y}_i)^2$。

记试验值的均值为 $\overline{y} = \dfrac{1}{n}\sum_{i=1}^{n}y_i$，则总离差平方和为 SS_T，即

$$SS_T = \sum_{i=1}^{n}(y_i - \overline{y})^2 = \sum_{i=1}^{n}(y_i - \hat{y}_i + \hat{y}_i - \overline{y})^2$$
$$= \sum_{i=1}^{n}(y_i - \hat{y}_i)^2 + \sum_{i=1}^{n}(\hat{y}_i - \overline{y})^2$$
$$\triangleq SS_E + SS_R$$

SS_E 是由回归变量的变化引起的误差，其大小反映 x 的重要程度，而 SS_E 是由随机误差和其他未加控制的因素引起的。因此，主要考虑回归平方和 SS_R 在 SS_T 中所占比重。如果 SS_R 所占的比例远远大于 SS_E 所占的比例，那么，回归方程能解释的变差所占的比例就较大，也就是回归方程的拟合优度更高。拟合优度的统计量 R^2 就是据此计算的。

（1）一元线性回归方程的拟合优度检验

一元线性回归方程的拟合优度检验采用 R^2 统计量。该统计量被称为判定系数或者决定系数，数学公式为：

$$R^2 = \frac{SS_R}{SS_T} = 1 - \frac{SS_E}{SS_T}$$

如果所有观测值 y 都落在回归线上，即 $SS_E = 0$，$R^2 = 1$，为完全拟合；如果回归直线没有解释任何离差，y 的总离差全部归于残差平方和，$SS_E = SS_T$，$R^2 = 0$，表示自变量 x 与因变量 y 完全无关；通常观测值是部分落在回归线上，即 $0 < R^2 < 1$。R^2 越接近 1，表明回归直线的拟合程度越好；反之，R^2 越接近 0，回归直线的拟合程度越差。一般判定系数大于 0.7，认为拟合效果较好，否则认为拟合效果较差。SPSS中会自动计算判定系数，用户可根据其计算值完成检验。

（2）多元线性回归方程的拟合优度检验

多元线性回归方程中的自变量个数$p>1$，由于判定系数的R^2受到自变量个数p的影响。在实际回归分析中，随着自变量x的个数的增加，回归平方和SS_R也会增大，使得R^2也增大。由于自变量个数的增加导致的R^2的变大与拟合优度好坏无关。因此，在自变量个数p不同的回归方程之间进行拟合优度比较时，R^2就不适合，必须加以调整。

调整的方法为，把残差平方和与总离差平方和之比的分子和分母分别除以各自的自由度，变成均方差之比，这样就可以去除自变量个数对拟合优度的影响。调整后的R^2为：

$$\overline{R}^2 = \frac{SS_R}{SS_T} = 1 - \frac{SS_E}{SS_T} \cdot \frac{n-1}{n-p-1} = 1 - (1-R^2)\frac{n-1}{n-p-1}$$

式中，p为方程中回归系数（不包含截距项）的个数，也就是自变量的个数。$n-p-1$和$n-1$分别是残差平方和及总平方和的自由度，因此调整的判定系数其实质是刻画了平均的残差平方和与平均的总平方和之间的比值的程度，残差对总平方和影响越小，则调整系数越大，其取值大小和意义与判定系数基本相同。不同之处是调整的判定系数考虑了自变量个数。从上式可以看出，$\overline{R}^2$考虑的是平均的残差平方和，而不是残差平方和。因此，在一般的线性回归分析中，$\overline{R}^2$越大越好。因此，在多元线性回归中，调整后的$\overline{R}^2$比R^2更能准确地反映回归方程对样本数据的拟合优度。

2. 线性回归方程的显著性检验（F检验）

回归方程显著性检验旨在检验变量之间是否存在统计上的显著线性关系。如果线性关系显著，说明自变量确实能影响因变量，就可以用自变量的取值预测因变量的取值；相反，如果线性关系不显著，则说明变量之间没有线性关系，不能应用自变量对因变量进行预测。线性回归方程显著性检验通过F检验完成。

（1）一元线性回归方程的显著性检验

一元线性回归方程的零假设为$\beta_0=0$，即回归系数与0无显著差异。意味着当回归系数为0时，无论x取值如何变化都不会引起y的线性变化，它们之间无线性关系。检验采用的F统计量为：

$$F = \frac{SS_R}{SS_E/(n-2)} = \frac{\sum_{i=1}^{n}(\hat{y}_i - \overline{y})^2}{\sum_{i=1}^{n}(y_i - \hat{y}_i)^2 \Big/ (n-2)}$$

F统计量服从（1，$n-2$）个自由度的F分布。SPSS将自动计算检验统计量的观测值和对应的概率P值。如果概率P值小于给定的显著性水平，则拒绝零假设，认为回归系数与零存在显著差异，因变量y与自变量x存在显著线性关系，可以用线性模型描述和反映他们之间的关系；反之，接受零假设，认为回归系数与零不存在显著差异，因变量y与自变量x不存在显著线性关系，不可以用线性模型描述和反映他们之间的关系。

（2）多元线性回归方程的显著性检验

多元线性回归方程显著性检验的零假设是 $\beta_i = 0$，即各个偏回归系数同时与0无显著差异。即当偏回归系数同时为0时，无论各个 x_i 如何取值，都不会引起 y 的线性变化，y 与 x 全体不存在线性相关。检验采用的 F 统计量定义为：

$$F = \frac{SS_R / p}{SS_E / (n-p-1)} = \frac{\sum_{i=1}^{n}(\hat{y}_i - \bar{y})^2 / p}{\sum_{i=1}^{n}(y_i - \hat{y}_i)^2 / (n-p-1)}$$

式中，p 为多元回归系数方程中自变量的个数，F 统计量服从（p, $n-p-1$）个自由度的 F 分布。SPSS将自动计算检验统计量的观测值和对应的概率 P 值。如果概率 P 值小于给定的显著性水平，则拒绝零假设，认为回归系数与零存在显著差异，因变量 y 与自变量 x 存在显著线性关系，可以用线性模型描述和反映它们之间的关系；反之，接受零假设，认为回归系数与零不存在显著差异，因变量 y 与自变量 x 不存在显著线性关系，不可以用线性模型描述和反映它们之间的关系。

从线性回归方程的显著性 F 检验可以看出，F 统计量和调整后的 R^2 有如下关系：

$$F = \frac{R^2 / p}{(1-R^2)/(n-p-1)}$$

可以看出，回归方程的拟合优度较高，回归方程的显著性检验也会越高；反过来，回归方程的显著性越高，拟合优度也越高。

3. 回归系数的显著性检验（t 检验）

和方程显著性检验不同是的，回归系数显著性检验旨在检验单个自变量（解释变量）和因变量（被解释变量）之间是否存在显著性线性关系。即回归方程显著性检验是检验自变量全体对因变量的线性关系和解释能力，回归系数显著性检验重点检验每个自变量对因变量的解释能力。可以通过回归系数的显著性检验对每一个回归系数进行分析。回归系数显著性检验一般采用 t 检验方法。

（1）一元线性回归方程回归系数的显著性检验

一元线性回归方程的回归系数的显著性检验的零假设是 $\beta_1 = 0$，即回归系数与零无显著差异。即当回归系数为零时，无论 x 取值如何变化，都不会引起 y 的线性变化，它们之间不存在线性关系。在零假设成立时，t 检验统计量为：

$$t = \frac{\hat{\beta}_1}{\dfrac{\hat{\sigma}}{\sqrt{\sum_{i=1}^{n}(X_i - \bar{X})^2}}}$$

t 统计量服从 $n-2$ 个自由度的 t 分布。SPSS将自动计算检验统计量的观测值和对应的概率 P 值。如果概率 P 值小于给定的显著性水平 α，则拒绝零假设，认为回归系数与零存在显著差异，因变量y与自变量x存在显著线性关系，即x对y具有显著影响，x应该保留在回归方程中；反之，则接受零假设，认为回归系数与零不存在显著差异，因变量y与自变量x不存在显著线性关系，即x对y不具有显著影响，x不应该保留在回归方程中。

在一元线性回归分析中，回归方程的显著性检验可以代替回归系数的显著性检验，并且$F=t^2$。

（2）多元线性回归方程回归系数的显著性检验

多元线性回归方程回归系数显著性检验的零假设是$\beta_i=0$，即第i个偏回归系数与零无显著差异。即当偏回归系数β_i为零时，无论x取值如何变化，都不会引起y的线性变化，他们之间不存在线性关系。在零假设成立时，t检验统计量为：

$$ t = \frac{\hat{\beta}_i}{\dfrac{\hat{\sigma}}{\sqrt{\sum\limits_{j=1}^{n}(X_{ji}-\bar{X})^2}}} \qquad (i=1,2,\cdots,p) $$

t_i统计量服从$n-p-1$个自由度的t分布。SPSS将自动计算检验统计量的观测值和对应的概率P值。如果概率P值小于给定的显著性水平α，则拒绝零假设，认为回归系数与零存在显著差异，因变量y与自变量x_i存在显著线性关系，即x_i对y具有显著影响，x_i应该保留在回归方程中；反之，则接受零假设，认为回归系数与零不存在显著差异，因变量y与自变量x_i不存在显著线性关系，即x_i对y不具有显著影响，x_i不应该保留在回归方程中。

当某个解释变量x_i进入方程时，对应的偏F统计量（F_{ch}）的观测值与该解释变量的t_i之间的数量关系是$F_{ch}=t_i^2$。F_{ch}的定义为：

$$ F_{ch} = \frac{(R^2-R_i^2)(n-p-1)}{1-R^2} $$

即对偏F统计量的检验与回归系数显著性检验实质相同。

除上述检验外，线性回归模型还可以进行以下的假设验证，如残差的正态性检验、残差的方差齐性检验、残差的独立性检验以及多元共线性检验，请参见案例中的解释。欲了解更多详细统计学原理，请参阅相关统计学书籍，在此不再一一详述。

Ⓢ 8.2 曲线回归分析

线性回归模型的应用必须要有一些先决条件，如因变量和自变量之间必须有明确的线性关系、残差必须正态性分布等。但事实上，往往有很多事物之间的关系并非简单的线性关系，而是呈现某种非线性关系。这种非线性关系可划分为本质线性关系和本质非线性关系。所谓本质线性关系是指变量关系在形式上虽然呈现非线性关系，但可以通过变量转换转化为线性关系，并最终进行线性回归分析；而本质非线性关系指的是变量关系不仅形式呈现非线性关系，而且无法通过变量转换转化为线性关系，最终也无法进行线性回归分析的情况。本节重点要解决本质线性关系问题，解决方法就是曲线估计。

8.2.1 曲线回归原理

在实际研究中，依据散点图往往不能判定数据之间是否呈现很好的线性相关关系，这给分析数据之间的关系带来很大的麻烦。此时，就需要对数据加以转换，使其符合线性模型的要求，或者对模型加以改进，使其能处理相应的数据。SPSS 28.0提供一些基于线性回归的衍生模型，可用于处理违反线性回归的某些使用条件的数据。其中最简单和常用的方法就是选择恰当的曲线方程将变量进行转换，实现曲线的直线化，从而将曲线方程转化为直线回归方程进行分析。

SPSS曲线估计要求自变量和因变量均为数值型连续变量。曲线估计模块能够自动拟合线性模型、对数曲线模型、二次曲线模型、指数曲线模型等多种曲线模型，而输出的统计量包括模型的回归系数、复相关系数、调整的R^2及方差分析结果等。SPSS的曲线估计模型如表8-1所示。

表8-1

模型名称	回归方程	变量转换后的线性方程
二次曲线	$y = \beta_0 + \beta_1 x + \beta_2 x^2$	$y = \beta_0 + \beta_1 x + \beta_2 x_1, (x_1 = x^2)$
复合曲线	$y = \beta_0 \beta_1^x$	$\ln(y) = \ln(\beta_0) + \ln(\beta_1) x$
增长曲线	$y = e^{\beta_0 + \beta_1 x}$	$\ln(y) = \beta_0 + \beta_1 x$
对数曲线	$y = \beta_0 + \beta_1 \ln(x)$	$y = \beta_0 + \beta_1 x_1, (x_1 = \ln(x))$
三次曲线	$y = \beta_0 + \beta_1 x + \beta_2 x^2 + \beta_3 x^3$	$y = \beta_0 + \beta_1 x + \beta_2 x_1 + \beta_3 x_2, (x_1 = x^2, x_2 = x^3)$
S曲线	$y = e^{\beta_0 + \beta_1 / x}$	$\ln(y) = \beta_0 + \beta_1 x_1, (x_1 = 1/x)$
指数曲线	$y = \beta_0 e^{\beta_1 x}$	$\ln(y) = \ln(\beta_0) + \beta_1 x$
逆函数	$y = \beta_0 + \beta_1 / x$	$y = \beta_0 + \beta_1 x_1, (x_1 = 1/x)$
幂函数	$y = \beta_0 x^{\beta_1}$	$\ln(y) = \ln(\beta_0) + \beta_1 x_1, (x_1 = \ln(x))$
逻辑函数	$y = \dfrac{1}{1/\mu + \beta_0 \beta_1^x}$	$\ln\left(\dfrac{1}{y} - \dfrac{1}{\mu}\right) = \ln(\beta_0 + \ln(\beta_1) x)$

上述方程中，x为时间或自变量，y为因变量，β_0为常数，β_1，β_2，β_3…为回归系数。

SPSS将自动完成模型的参数估计，显示R^2、F检验值和相伴概率P值等统计量，并以此为依据进行预测分析。曲线估计的一般步骤如下。

第一步，绘制散点图，并观察散点图的分布特征，以判断类似于何种函数。

第二步，根据选定的函数进行变量转换。

第三步，对转换后的数据建立直线回归模型。

第四步，拟合多个模型，并通过比较各模型之间的拟合优度选择最合适的模型。

▌8.2.2　曲线回归的案例讲解

　　"手机销售分析"数据文件中记录了不同品牌和不同型号的手机的单价和销售数量。下面以该数据文件为依据，分析手机价格和销量之间的关系。具体分析步骤如下。

　　打开"手机销售分析"数据文件，执行"图形"｜"旧对话框"｜"散点图/点图"命令。在"散点图/点图"对话框中选择"简单散点图"选项，并单击"定义"按钮，如图8-1所示。在"简单散点图"对话框中将"单价"选入X轴列表框，将"销量"选入Y轴列表框，如图8-2所示。

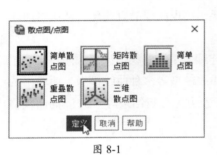

图 8-1

图 8-2

　　单击"确定"按钮，输出价格与销售量散点图，如图8-3所示。

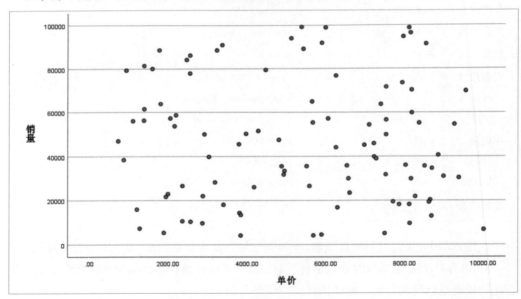

图 8-3

　　本案例首先构建散点图的目的在于，分析之前预先初步判断自变量和因变量之间的关系走向，以便选择适合的分析方法。从图8-3可以看出，自变量和因变量之间明显不存在简单线性关系。因此，不能通过一元线性回归分析来构建它们之间的函数关系的模型。根据该散点图，可以选择曲线估计来找出汽车销售量与汽车销售价格之间的关系模型。

Step 01 执行"分析"|"回归"|"曲线估算"命令，打开"曲线估算"对话框。将"销量"选入"因变量"列表框，将"单价"选入"变量"列表框，如图8-4所示。

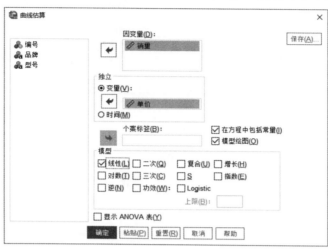

图 8-4

Step 02 根据散点图选择曲线模型。本例勾选"线性""二次""复合""对数"以及"三次"复选框。另外，保持勾选"在方程中包含常量"和"模型绘图"复选框，如图8-5所示。

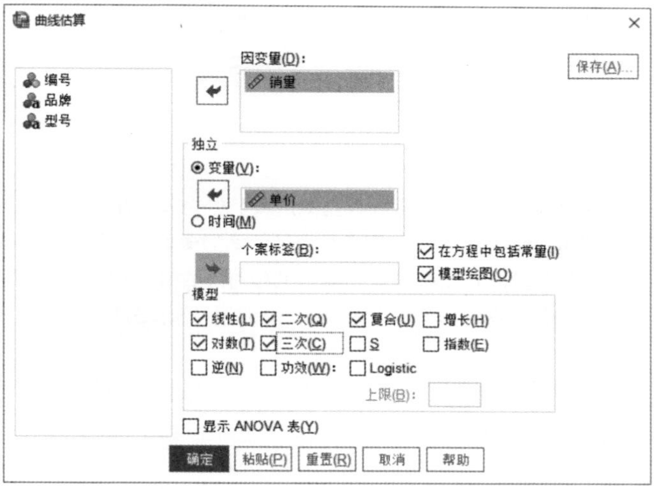

图 8-5

从图8-6所示的模型摘要和参数估算值分析结果来看，在所有曲线模型中三次曲线的R^2最大，为0.18，F检验值为0.578，检验概率P值为0.631，三次曲线更能拟合手机价格和销售量之间的关系。从图8-7所示的曲线估计拟合图上也可以看出，三次曲线与散点的拟合度最高。因此，根据分析结果，可采用三次曲线来建立自变量和因变量之间的回归方程。

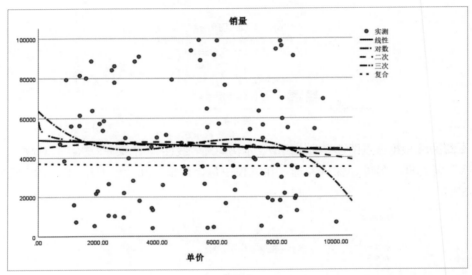

模型摘要和参数估算值

因变量：销量

方程	模型摘要					参数估算值			
	R方	F	自由度1	自由度2	显著性	常量	b1	b2	b3
线性	.003	.243	1	97	.623	48968.451	-.522		
对数	.002	.225	1	97	.637	63118.373	-2013.929		
二次	.004	.207	2	96	.814	44966.095	1.599	.000	
三次	.018	.578	3	95	.631	63708.349	-14.844	.003	-2.355E-7
复合	.000	.033	1	97	.857	37081.494	1.000		

自变量为 单价。

图 8-6

图 8-7

注意事项 曲线估计所面临的最大问题是曲线模型的选取。作为非统计专业人士，在不能肯定究竟哪个模型更接近样本数据的情况下，只能选取多种可能合适的模型。然后利用SPSS自动计算模型的参数，并输出回归方程显著性检验的F统计量观测值和对应的概率P值，以及判定系数R^2等统计量；最后根据判定系数为主要依据选择其中最优的模型，并进行预测分析。

若需要保存变量，可以单击"保存"按钮，打开"曲线估计：保存"对话框进行相关设置。该对话框包括两个选项框。

（1）"保存变量"选项组

对于每个选定的模型，可以选择保存预测值、残差（因变量的观察值减去模型预测值）和预测区间，系统默认为95%置信区间。新变量名称和描述标签显示在输出窗口的表中。

（2）"预测个案"选项组

在活动数据集中，如果选择时间，而不是将变量作为自变量，那么可以指定如下的超出时间序列结尾的预测期。

- **从估计期到最后一个个案的预测**：在估计期内的个案的基础上预测文件中所有个案的值。显示在对话框底端的估计期，可通过"数据"菜单上的"选择个案"选项的"范围"子对话框来定义。如果未定义任何估计期，那么使用所有个案来预测值。
- **预测范围**：根据估计期中的个案，预测指定日期、时间或观察号范围内的值。此功能可以用于预测超出时间序列中最后一个个案的值。当前定义的日期变量确定可用于指定预测期结尾的文本框。如果没有已定义的日期变量，那么用户可以指定结尾的观察（个案）号。

本案例无须保存变量，因此不设置该项。单击"确定"按钮，输出分析结果。

Ⓢ 8.3　非线性回归分析

非线性关系可划分为本质线性关系和本质非线性关系。可以通过变量转换转化为线性关系，并最终进行线性回归分析的叫本质线性关系；无法通过变量转换转化为线性关系，最终也无法进行线性回归分析的叫本质非线性关系。通常所讲的非线性回归就是本质非线性关系。曲线估计只能用于一个自变量和因变量相关关系的模型的分析判别，而非线性回归分析可以用来探讨因变量和一组自变量之间的非线性相关模型。线性回归模型要求变量之间必须是线性关系，曲线估计只能处理能够通过变量转换转化为线性关系的非线性问题，因此这些方法都有一定的局限性。相反，非线性回归可以估计因变量和自变量之间任意关系的模型，可以根据自身需要随意设定估计方程的具体形式。因此，本方法在实际应用中实用价值更大，应用范围更广。

8.3.1　非线性回归分析原理

非线性回归分析要求自变量和因变量均为数值型变量，如果是分类变量，应该将其重新编码为数值型变量。非线性回归模型一般可以表示为：

$$y_i = \hat{y} + e_i = f(x, \theta) + e_i$$

其中，$f(x, \theta)$ 为期望函数，该模型的结构和线性回归模型非常相似，不同的是期望函数 $f(x, \theta)$ 可能为任意形式，在有的情况下甚至于可以没有显式表达式。

曲线估计是通过变量转换的方式实现模型线性化。然而，在精度要求较高，或者模型较复杂的非线性回归问题中，采用曲线直线化来估计非线性方程并不可取，因为这样会造成巨大的误差。

非线性模型的参数估计的基本原理也是先给出一个表示估计误差的函数，即损失函数（损失函数为残差绝对值平方和），然后使该函数取值最小化，并求得此时的参数估计值。其基本思路是：首先为所有未知参数指定一个初始值，然后将原方程按泰勒级数

177

展开，并只取一阶各项作为线性函数的逼近，其余项均归入误差中；然后采用最小二乘法对该模型中的参数进行估计；用参数估计值代替初始值，将方程再次展开，进行线性化，从而可以求出一批参数估计值。如此反复迭代求解，直至参数估计值收敛为止。

8.3.2　常用非线性模型的函数形式

在迭代求解的过程中，初始值的设定对模型能否顺利求解影响甚大。一个好的初始值不应该偏离真实的参数值太远，否则参数估计的迭代次数可能会增加，或者迭代根本无法收敛，抑或收敛到一个局部最优解而非全局最优解。非线性回归模型在SPSS中可以采用NLR和CNLR两种算法来估计参数，NLR算法用于寻找能使残差平方和最小的参数估计，CNLR算法则是首先建立一个非线性的损失函数，然后再寻找最小化损失函数的参数估计。常用非线性模型的函数形式如下。

- **渐近回归：** b1 + b2 * exp(b3 * x)。
- **渐近回归：** b1 – (b2 * (b3 ** x))。
- **密度(D)：** (b1 + b2 * x) ** (–1 / b3)。
- **Gauss：** b1 * (1 – b3 * exp(–b2 * x ** 2))。
- **Gompertz：** b1 * exp(–b2 * exp(–b3 * x))。
- **Johnson-Schumacher：** b1 * exp(–b2 / (x + b3))。
- **对数修改：** (b1 + b3 * x) ** b2。
- **对数 Logistic：** b1 – ln(1 + b2 * exp(–b3 * x))。
- **Metcherlich 的收益递减规律：** b1 + b2 * exp(–b3 * x)。
- **Michaelis Menten：** b1 * x / (x + b2)。
- **Morgan-Mercer-Florin：** (b1 * b2 + b3 * x ** b4) / (b2 + x ** b4)。
- **Peal-Reed：** b1 / (1+ b2 * exp(–(b3 * x + b4 * x **2 + b5 * x ** 3)))。
- **三次比：** (b1 + b2 * x + b3 * x ** 2 + b4 * x ** 3) / (b5 * x ** 3)。
- **四次比：** (b1 + b2 * x + b3 * x ** 2) / (b4 * x ** 2)。
- **Richards：** b1 / ((1 + b3 * exp(–b2 * x)) ** (1 / b4))。
- **Verhulst：** b1 / (1 + b3 * exp(–b2 * x))。
- **Von Bertalanffy：** (b1 ** (1 – b4) – b2 * exp(–b3 * x)) ** (1 / (1 – b4))。
- **韦伯：** b1 – b2 * exp(–b3 * x ** b4)。
- **产量密度：** (b1 + b2 * x + b3 * x ** 2) ** (–1)。

知识点拨

　　非线性回归过程采用迭代方法对用户设置的各种复杂曲线模型进行拟合，迭代方法往往意味着结果较为稳定。这是非线性回归过程的主要优势之一。

SPSS统计分析标准教程（实战微课版）

案例实战：分析水稻产量和施肥量的关系

现有水稻试验田施肥量及对应的作物产量数据文件一份，试根据该数据文件推定二者之间的关系。

1. 具体分析过程

Step 01 打开"水稻产量分析"数据文件，构建的散点图如图8-8所示（散点图的具体构建步骤参见8.2.2节，此处不再赘述）。

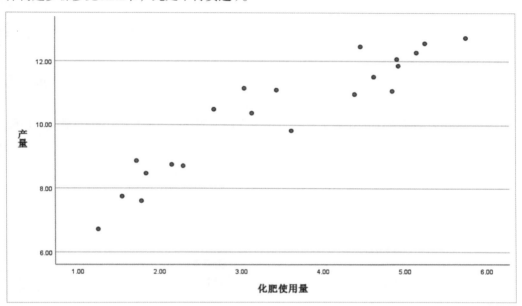

图 8-8

知识点拨

如图8-8所示，施肥量和产量之间似乎存在线性关系。但是根据实际经验可知，这种推断不正确，因为作物产量不可能随着施肥量的增加而一直增加下去，当产量达到一定水平时，施肥量的增加不会带来产量的进一步提高，二者的关系可以用渐进回归模型$y=b_1 + b_2 * \exp(b_3 * x)$来表达。

要确定出施肥量和产量之间的回归方程，首先要估算出参数b_1、b_2、b_3的初始值。从图9-25可以看出，产量的最大值接近13，设b_1=13；x=0时，y=6，故b_2=6-13=-7；b_3的为散点图中两个分隔较宽的点之间的连线的斜率的倒数，在此取b_3=-1.5。

Step 02 执行"分析"|"回归"|"非线性"命令，如图8-9所示。打开"非线性回归"对话框。

Step 03 将变量"产量[水稻产量]"选入"因变量"列表框。单击"参数"按钮，如图8-10所示。

第8章 回归分析

179

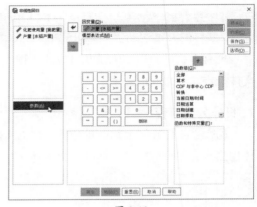

图 8-9 · 图 8-10

Step 04 打开"非线性回归：参数"对话框，在"名称"栏中输入"b1"，定义其开始值为13，单击"添加"按钮，如图8-11所示。

Step 05 接着参照上一步骤依次输入模型表达式的参数名b2、b3，并分别定义其初始值为-7、-1.5，输入完成后单击"继续"按钮，如图8-12所示。

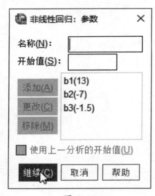

图 8-11 · 图 8-12

知识点拨

参数是非线性回归过程模型的组成部分，可以是模型中的常数、系数或指数。定义的所有参数都将显示（带有其初始值）在主对话框的"参数"列表框中。

Step 06 接下来需要在"模型表达式"列表框中输入表达式。双击列表框中的参数名，可以将该参数名录入到"模型表达式"列表框，利用对话框中间的计算符号按钮向"模型表达式"列表框中输入计算符号，在"函数组"列表中选择"算术"选项，在"函数和特殊变量"列表中双击Exp，如图8-13所示。

Step 07 继续完善表达式，选择"化肥使用量[施肥量]"选项，单击 → 按钮可以将其选入"模型表达式"列表框，最终完成的模型表达式为b1 + b2 * EXP(b3 * 施肥量)，如图8-14所示。

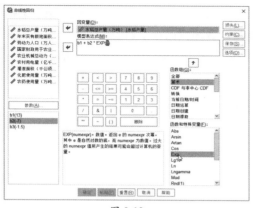
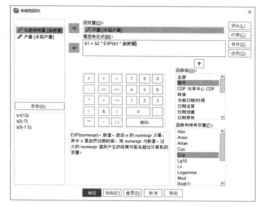

| 图 8-13 | 图 8-14 |

Step 08 单击"约束"按钮,打开"非线性回归:参数约束"对话框,定义参数约束。"约束"是在迭代搜索过程中对参数所允许值的限制。该对话框有"未约束"和"定义参数约束"两个设置选项。此处选中"定义参数约束"单选按钮,选择参数b1,将约束条件设置为b1>=0,单击"添加"按钮,如图8-15所示。

Step 09 随后继续选择参数b2和b3,并依次设置约束条件为b2<=0、b3<=0,设置完成后单击"继续"按钮,如图8-16所示。

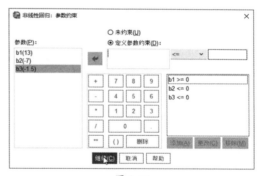

| 图 8-15 | 图 8-16 |

Step 10 系统此时会弹出如图8-17所示的警告对话框,提示将用序列二次规划算法进行参数估计。单击"确定"按钮,返回"非线性回归"对话框。

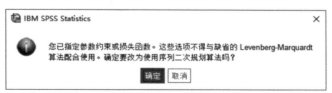

图 8-17

Step 11 单击"保存"按钮，打开"非线性回归：保存新变量"对话框，该对话框提供四种用于保存的数据类型，允许作为新变量的观测值保存于当前文件中，此处勾选"预测值"和"残差"复选框，单击"继续"按钮，如图8-18所示。返回主对话框，最后单击"确定"按钮，输出分析结果。

图 8-18

2. 分析结果解读

（1）迭代历史记录

图8-19所示为受限非线性回归分析的迭代历史记录，该案例经过多达20步的迭代估计之后，找到模型的最优解，即图8-20中的b1、b2、b3的参数估计值13.348、-10.783和-0.418。

迭代历史记录[b]

迭代编号[a]	残差平方和	b1	b2	b3
0.3	175.705	13.000	-7.000	-1.500
1.2	39.852	10.435	-8.004	-1.204
2.2	27.989	10.656	-8.894	-.814
3.1	12.859	11.694	-15.866	-.778
4.1	8.595	11.931	-18.037	-.897
5.1	8.420	11.931	-17.410	-.875
6.1	7.505	12.050	-13.039	-.708
7.1	7.108	12.200	-12.305	-.647
8.1	6.787	12.577	-12.507	-.572
9.1	6.445	12.745	-10.753	-.496
10.1	6.361	12.732	-11.803	-.545
11.1	6.253	12.871	-11.347	-.501
12.1	6.216	13.071	-10.813	-.451
13.1	6.185	13.091	-10.935	-.456
14.1	6.167	13.207	-10.914	-.440
15.1	6.162	13.305	-10.788	-.424
16.1	6.161	13.339	-10.788	-.420
17.1	6.161	13.347	-10.784	-.419
18.1	6.161	13.348	-10.783	-.418
19.1	6.161	13.348	-10.783	-.418

将通过数字计算来确定导数。

a. 主迭代号在小数点左侧显示，次迭代号在小数点右侧显示。

b. 运行在 19 次迭代后停止。已找到最优的解。

图 8-19

（2）参数估算值

图8-20所示为参数估算值，在该分析结果中还给出了三个参数值的标准误差和95%置信区间的上限值和下限值。

参数	估算	标准 错误	95% 置信区间	
			下限	上限
b1	13.348	1.041	11.161	15.535
b2	-10.783	1.195	-13.293	-8.273
b3	-.418	.156	-.745	-.092

图 8-20

（3）参数估算值相关性

图8-21所示为参数估算值相关性结果，给出了三个参数估计值的相关系数，可以看出各个参数值之间的相关性很高，尤其b1和b3的相关系数达到0.968，属于非常显著的相关关系。

参数估算值相关性

	b1	b2	b3
b1	1.000	.561	.968
b2	.561	1.000	.732
b3	.968	.732	1.000

图 8-21

（4）回归模型的方差分析结果

图8-22所示为回归模型的方差分析结果。该分析结果给出了方差分析的回归平方和、残差平方和、自由度和相应的均方值。表格中"回归"行的平方和2309.329代表该回归模型所能解释的模型的方差变化，而"残差"行的平方和6.161代表该非线性回归模型所不能解释的方差的变化。二者的和即为"修正前总计"2315.490，它是总的残差平方和。而$R^2=1-$（残差平方和）/（已更正的平方和）$=0.907$，说明该模型能解释因变量90.7%的变异量，即该非线性模型的拟合优度很高。

ANOVA[a]

源	平方和	自由度	均方
回归	2309.329	3	769.776
残差	6.161	18	.342
修正前总计	2315.490	21	
修正后总计	66.309	20	

因变量：产量

a. $R^2=1-$（残差平方和）/（修正平方和）$=.907$。

图 8-22

根据以上分析可以确定，该分析所获得的回归模型显著。根据模型 $y=b_1 + b_2 * \exp(b_3 * x)$ 可得：

$$作物产量 = 13.348 - 10.783e^{-0.418*施肥量}$$

这就是作物产量和施肥量之间关系的回归方程式。

（5）其他变量

在案例分析中设置保存"预测值""残差"为新变量，该数据保存于当前文件中，即如图8-23所示的"PRED_"和"RESID"两列数据。

	施肥量	水稻产量	PRED_	RESID	变量
1	3.43	11.10	10.78	.32	
2	4.39	10.97	11.63	-.66	
3	2.15	8.75	8.95	-.20	
4	1.54	7.75	7.68	.06	
5	2.67	10.50	9.81	.69	
6	1.24	6.71	6.94	-.23	
7	1.77	7.60	8.22	-.61	
8	4.46	12.46	11.68	.78	
9	1.83	8.47	8.34	.13	
10	5.15	12.27	12.10	.18	
11	5.25	12.57	12.15	.42	
12	1.72	8.87	8.09	.78	

图 8-23

第 9 章
聚类和判别分析

在工作和生活中经常需要对事物进行分类比较。要想按照多标准、多指标对事物进行科学合理的分类，就要使用统计学中的聚类分析和判别分析。所谓聚类分析，也称集群分析、分类分析或数值分类，是根据事物本身的特征，通过统计分析对事物进行分类的一种多元统计方法。而判别分析则是在类别数确定的前提下，根据某一研究对象的各种特征判断其类别归属的一种多变量统计分析方法。在实际应用中，聚类分析和判别分析往往相辅相成，协同使用。如果数据没有分类信息，就应该先进行聚类分析，获得类别信息；然后再依据所获得的类别信息，用判别分析建立判别函数或判别准则，实现对新观察对象进行分类的目的。

聚类分析的实质是按照"距离"的远近将数据分为若干类别，以使类别内数据的"差异"尽可能小，类别间"差异"尽可能大。这里所说的"距离"是广义上的距离，是从相似性和不相似性的角度来讲的，包括一般的距离和相似性系数两种类型。在聚类分析中最重要的问题就是如何描述"差异"，为此，统计学家发明了多达30余种描述数据间的距离和相似性系数的方法。距离用来度量样本之间的相似性，而相似性系数常用来度量变量之间的相似性，它们通常要求样本或变量的数据为定距类。在分类结束以后，要求同类的对象相似，而不同类的对象差别显著。不同的聚类分析方法往往分析的结果也有所差异，因此聚类分析是一种探索性分析。

SPSS中提供了系统聚类分析、K-均值聚类分析和二阶聚类分析3种聚类分析程序。其中，系统聚类分析根据分析的对象又可分为Q型聚类（样本聚类）和R型聚类（变量聚类）。

9.1.1 定距数据的聚类分析

为了将样品或指标进行分类，就需要研究样品之间的关系。目前用得最多的方法有两种：一种方法是将一个样品看作P维空间的一个点，并在空间定义距离，距离较近的点归为一类，距离较远的点归为不同的类。另一种方法是用相似系数，性质越接近的样品，它们的相似系数的绝对值越接近1；而彼此无关的样品的相似系数的绝对值越接近零。比较相似的样品归为一类，不相似的样品归为不同的类。但相似系数和距离有各种各样的定义，而这些定义与变量的类型关系极大。

1. 距离

假设一个样品有p个变量，则可以将n个样品看成各自拥有p维空间的n个点，样品和样品之间的距离就是p维空间上点和点之间的距离，这反映了样品之间的亲疏程度，一般令d_{ij}表示样品x_i与x_j的距离。聚类时，点和点之间距离相近的样品属于一个类，距离远的样品属于不同类。SPSS中常用的距离计算方法有如下几种。

（1）明氏距离（Minkowski）

公式为

$$d_{ij}(q) = \left(\sum_{k=1}^{p} |x_{ik} - x_{jk}|^q\right)^{\frac{1}{q}}$$

明氏距离其实是一类距离的总称，根据参数q取不同的自然数，明氏距离有三种不同形式。

当$q=1$时，称为绝对距离，也称为块距离（Block），其定义为：

$$d_{ij}(1) = \sum_{k=1}^{p} |x_{ik} - x_{jk}|$$

当$q=2$时，称为欧氏距离（Euclidean），这是统计学中使用最广的距离，因此通常情况所说的距离就是欧氏距离，其定义为：

$$d_{ij}(2) = \sqrt{\sum_{k=1}^{p} (x_{ik} - x_{jk})^2}$$

当$q=\infty$时，称为切比雪夫距离（Chebychev），常用于图像处理和模式识别，强调最大的差异，有时也称为最大距离，其定义为：

$$d_{ij}(\infty) = \max_{1 \leqslant k \leqslant p} |x_{ik} - x_{jk}|$$

明氏距离主要有以下两点不足。

● 明氏距离的值与各指标的量纲有关。

● 明氏距离的定义没有考虑各个变量之间的相关性。

实际上，明氏距离是把各个变量都同等看待，将两个样品在各个变量上的离差进行简单综合。因此，当各个变量单位不同或者对于不同的k，离差$|x_{ik} - x_{jk}|$相差很大时，不宜直接采用明氏距离，而是首先要对各个变量实施标准化处理，保证各个变量的离差接近，再用标准化的数据计算距离。常用的标准化处理是：

$$x_{ij}^* = \frac{x_{ij} - \bar{x}_j}{\sqrt{s_{jj}}}$$

式中，x_{ij}^*是x_{ij}标准化以后的值，$\bar{x}_j$是变量j的均值，s_{jj}是变量的样本方差。标准化就是减去均值除以标准差。

（2）兰氏距离

兰氏距离是兰思和维廉姆斯（Lance & Williams）定义的一种距离，其计算公式为：

$$d_{ij}(L) = \sum_{k=1}^{p} \frac{|x_{ik} - x_{jk}|}{x_{ik} + x_{jk}}$$

这是一个自身标准化的量，由于兰氏距离对大的奇异值不敏感，因此特别适合高度偏倚的数据。虽然兰氏距离有助于克服明氏距离的第一个缺点，但它也没有考虑指标之间的相关性。

（3）马氏距离

马氏距离是印度著名统计学家马哈拉诺比斯（P. C. Mahalanobis）定义的一种距离，其计算公式为：

$$d_{ij}(M) = \sqrt{(x_i - x_j)' \Sigma^{-1} (x_i - x_j)}$$

式中，$x_i = (x_{i1}, x_{i2}, \cdots, x_{ip})'$，$x_j = (x_{j1}, x_{j2}, \cdots, x_{jp})'$分别表示第$i$个样品和第$j$样品的$p$个指标观测值所组成的列向量，即样本数据矩阵中第$i$个和第$j$个行向量的转置，$\Sigma$表示观测变量之间的协方差矩阵。在实践应用中，若总体协方差矩阵Σ未知，则可用样本协方差矩阵S作为估计代替计算。

马氏距离有一个缺陷，就是公式中的S难以确定。因此，在聚类分析的实际应用中，马氏距离使用较少。

2. 相似系数

聚类分析方法不仅用于样本的聚类，也可以用来分析变量的聚类，在对变量进行聚类时，一般不采用距离，而是用相似系数。相似系数用于描述观测指标（变量）之间的相关程度，取值范围是-1~1，相似系数绝对值越大，变量之间的相似性越高。聚类时，要求相似性高的变量分为一类，而相似性弱的变量分到不同的类。

两变量的相似系数一般应满足下面的三个条件。

- $c_{ii} = \pm 1$时，表明两变量完全相关，即$x_i = a + bx_i$，式中a、b是常数。
- $|c_{ii}| \leqslant 1$，即相似系数在-1~1变化。
- $c_{ii} = c_{ii}$，即相似系数具有对称性。

常用的相似系数有以下两种。

（1）Pearson相关系数

两变量的Pearson相关系数在第8章已做过分析说明，这里不再赘述，只给出多元分析中的计算公式：

$$\gamma_{ij} = \frac{\sum_{k=1}^{p}(x_{ik} - \bar{x}_i)(x_{jk} - \bar{x}_j)}{\sqrt{\left[\sum_{k=1}^{p}(x_{ik} - \bar{x}_i)^2\right]\left[\sum_{k=1}^{p}(x_{jk} - \bar{x}_j)^2\right]}}$$

其中，x_{ij}表示样本i在变量k上的值，$\bar{x}_i$表示所有变量在样本i上的均值，$-1 \leqslant r_{ii} \leqslant 1$。

相关系数是最常用的相似性系数计算方法，但要求测量指标（变量）是连续或接近连续的数据资料。

（2）夹角余弦距离

两变量的夹角余弦定义为：

$$c_{ij} = \cos\theta_{ij} = \frac{\sum_{k=1}^{p}x_{ik}x_{jk}}{\sqrt{\sum_{k=1}^{p}x_{ik}^2 \sum_{k=1}^{p}x_{jk}^2}}$$

C_{ij}是两变量观测值$(x_{i1}, \cdots, x_{ip})$、$(x_{j1}, \cdots, x_{jp})$之间夹角θ_{ij}的余弦函数，从数据矩阵来看，就是数据矩阵第i列和第j列向量的夹角余弦。$-1 \leqslant \cos\theta_{ij} \leqslant 1$，夹角余弦越大，两个变量之间越相似。

9.1.2　定序或定类数据的聚类分析

定序或定类数据之间的距离一般用卡方距离或Phi平方度量来衡量。

（1）卡方距离

此测量基于对两组频率等同性的卡方检验，其定义为：

$$\mathrm{CHISQ}(x, y) = \sqrt{\frac{\sum\limits_{i=1}^{k}(x_i - E(x_i))^2}{E(x_i)} + \frac{\sum\limits_{i=1}^{k}(y_i - E(y_i))^2}{E(y_i)}}$$

（2）Phi平方度量

此度量等于由组合频率的平方根标准化的卡方测量，计算公式为：

$$\mathrm{PHISQ}(x, y) = \sqrt{\frac{\dfrac{\sum\limits_{i=1}^{k}(x_i - E(x_i))^2}{E(x_i)} + \dfrac{\sum\limits_{i=1}^{k}(y_i - E(y_i))^2}{E(y_i)}}{n}}$$

9.1.3　二值变量的聚类分析

所谓二值变量就是指只有0和1两个值的数据。在统计中将一个数值指定为1，其他的数据值指定为0。SPSS提供了很多衡量二值变量之间的距离的方法，比较常用的有简单匹配系数和雅可比系数。

1. 简单匹配系数

简单匹配系数是建立在两个个体的k个变量值同时为0或1和同时不为0或1的频数表基础之上的。该频数表如表9-1所示。

表9-1

个体X	个体y	
	1	0
1	a	b
0	c	d

简单匹配系数用于考察两个个体的差异性，其数学公式为

$$S(x, y) = \frac{b + c}{a + b + c + d}$$

SPSS计算的是$1 - S(x, y)$，即x和y的相似性。

2. 雅可比系数

雅可比系数和简单匹配系数类似，只是忽略了两个个体同为0的频数，其公式定义为：

$$J(x, y) = \frac{b + c}{a + b + c}$$

二阶聚类也叫两步聚类，属于近年来才发展起来的智能聚类方法的一种，用于解决海量数据、复杂类别结构的聚类分析问题，也是一种探索性聚类方式。和之前的系统聚类法、*K*-均值聚类法相比，二阶聚类法有着显著的优势。

- 用于聚类的变量可以是连续变量，也可以是分类变量，在进行聚类之前不必对分类变量进行连续化。
- 相比其他聚类算法，二阶聚类法占用内存资源少，对于大数据量，运算速度较快。这些特性都是由二阶聚类法的先进算法原理决定的。
- 真正利用统计量作为距离指标进行聚类，可以根据一定的统计标准自动确定最佳类别数，分析结果更准确。
- 可以通过构造一个聚类特征（Cluster Feature, CF）树来描述整个聚类过程，CF树包含所有观察变量的信息。

正是因为该方法有这么多的优点，因此在1996年被提出之后，二阶聚类获得快速的发展和推广。SPSS 11.5将其引入，到SPSS 13.0时得到较大的完善，现在的二阶聚类分析已经非常成熟。

9.2.1　二阶聚类原理

二阶聚类可用于非常庞大的数据集的聚类分析，数据集可以同时包含定距变量和定类变量，这时的距离测度使用的是对数相似值，如果只有数值变量，也可以选用欧氏距离进行分析。二阶聚类，顾名思义，就是分两个阶段进行聚类，故也称两步聚类。

1. 预聚类

构建和修改CF树，将所有观察值事先分为许多小亚类。开始第一个观测值在树根部的一个叶节点上，该节点包含这个观测值的变量信息。随后每个观测值按照相似性原则（距离测度的大小）被添加到一个已存在的节点上，或形成一个新的节点，而每一个叶子节点代表一个亚类，有多少个叶子就有多少个亚类，而非叶子节点和其中的条目，则用来指引新进入的观测值应该进入哪个叶子节点，每个条目中的信息就是所谓的聚类特征，包括针对连续变量的均值和方差，以及针对离散变量的计数。因此，CF树给出了整个数据文件的变量信息。当所有观测值都通过以上方式进入聚类特征树后，预聚类过程结束。叶子节点的数量就是预聚类数量。

2. 正式聚类

CF树构造完成后，程序会将第一步的亚类进行再聚类，即用凝聚聚类算法将CF树的全部叶子节点分组。该算法可以产生一个聚类数的范围。为确定最优聚类数，可以用赤池信息准则（Akaike Information Criterion, AIC）或者施互兹贝叶斯准则（Schwartz

SPSS统计分析标准教程（实战微课版）

Bayesian Information Criterion, BIC）两种信息准则作为标准。这两个指标越小，说明聚类效果越好。如果事先没有指定聚类数，SPSS二阶聚类法会根据AIC和BIC的大小，以及类间最短距离的变化情况来确定最优的聚类数。假定聚类数为J，则BIC和AIC的计算公式为：

$$BIC = -2\sum_{j=1}^{J} \xi_j + m_j \log N$$

$$AIC = -2\sum_{j=1}^{J} \xi_j + 2m_j$$

$$m_j = J\left\{2k^A + \sum_{K=1}^{K^B}(L_K - 1)\right\}$$

其中，N为样本容量，k^A是聚类使用的连续变量的数量，K^B是聚类中使用的分类变量的数量，L_K代表第K个分类变量的编号。

9.2.2 二阶聚类案例详解

本例将根据"农业产值"数据文件中记录的各省粮食产量、播种面积、单位面积产量等数据进行分类，如图9-1所示（案例中所涉及的数据为虚构，仅用于举例说明）。

	地区	粮食产量	播种面积	单位面积产量	劳动人口	财政支出	农业动力	变量
1	黑龙江	6018.80	11827.10	5089.00	2359.08	67.00	64140.90	
2	河南	5973.40	10135.50	5893.60	6297.47	305.40	60386.50	
3	山东	4723.20	7447.00	6342.40	6170.07	471.40	57929.90	
4	吉林	3720.00	5023.30	7405.50	1749.75	48.20	55172.10	
5	江苏	3539.80	5406.40	6547.50	5812.95	1801.90	52573.60	
6	河北	3508.00	6190.70	5666.50	4913.33	616.40	48996.10	
7	四川	3498.40	6441.40	5431.10	5603.62	163.50	45208.00	
8	安徽	2599.70	6642.50	5233.00	4012.51	138.40	42015.60	
9	湖南	2136.70	4862.40	6136.90	4363.33	118.60	38546.90	
10	内蒙古	1929.50	5757.80	4808.20	1753.26	59.60	36118.10	
11	湖北	1467.70	4471.70	5813.60	3990.77	130.10	33744.00	
12	辽宁	1447.60	3227.20	6621.10	3043.60	394.60	31816.60	
13	江西	1365.10	3667.40	5799.90	2989.53	90.90	30308.40	
14	云南	1299.90	4446.10	4339.80	3289.85	82.40	29388.60	
15	广西	1467.70	2976.20	4931.70	3217.02	68.40	28707.70	
16	新疆	1447.60	2289.10	6324.10	1804.03	83.90	28067.00	
17	广东	1365.10	2500.10	5460.40	9144.96	1234.80	26575.00	
18	山西	1299.90	3204.10	4056.70	2470.10	99.80	24836.00	
19	陕西	1216.20	3045.30	3993.70	2741.02	113.00	22950.00	
20	贵州	1178.50	3051.20	3862.50	2486.37	61.90	20912.50	

图 9-1

1. 具体过程

Step 01 打开"农业产值"数据文件，执行"分析"|"分类"|"二阶聚类"命令，如图9-2所示。

Step 02 打开"二阶聚类分析"对话框。在左侧列表框中选中除了"地区"以外的所有变量，单击🔽按钮，将这些变量选入"连续变量"列表框中，如图9-3所示。

图 9-2　　　　　　　　　　　　　　　图 9-3

Step 03 在"聚类准则"选项组中选中"赤池信息准则"单选按钮，随后单击"选项"按钮，如图9-4所示。

Step 04 打开"二阶聚类：选项"对话框，勾选"使用噪声处理"复选框，其他选项保持默认，单击"继续"按钮，返回上一级对话框，如图9-5所示。

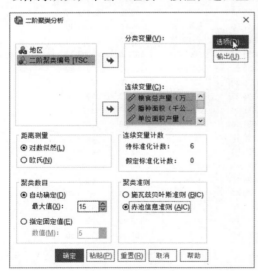

图 9-4

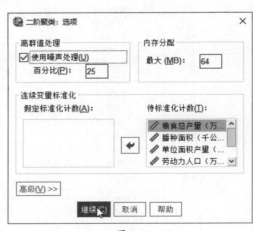

图 9-5

Step 05 单击"输出"按钮，打开"二阶聚类：输出"对话框，将"变量"列表框中的"地区"选入"评估字段"列表框，如图9-6所示。

Step 06 勾选"创建聚类成员变量"复选框，设置完成后单击"继续"按钮，返回上一级对话框，如图9-7所示，最后单击"确定"按钮，输出案例分析结果。

图 9-6　　　　　　　　　　　　　　　　图 9-7

2. 结果分析

（1）聚类模型

图9-8所示给出了聚类模型的评价，从图中可以看出用于聚类的变量为6个，最后将个案分为两类。凝聚和分离的轮廓测量图中显示了轮廓指标的数值，本次聚类结果得到的值超过0.5，被评为"良好"。

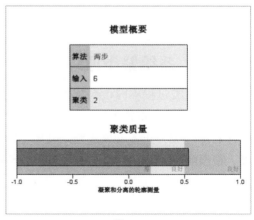

图 9-8

（2）聚类成员变量

SPSS"数据编辑器"中原数据的最右侧自动生成一个新变量，即聚类成员变量。该变量的取值有两个，分别为1和2，即把这些地区分成了两类，如图9-9所示。

	地区	粮食产量	播种面积	单位面积产量	劳动人口	财政支出	农业动力	TSC_6209
1	黑龙江	6018.80	11827.10	5089.00	2359.08	67.00	64140.90	1
2	河南	5973.40	10135.50	5893.60	6297.47	305.40	60386.50	1
3	山东	4723.20	7447.00	6342.40	6170.07	471.40	57929.90	1
4	吉林	3720.00	5023.30	7405.50	1749.75	48.20	55172.10	1
5	江苏	3539.80	5406.40	6547.50	5812.95	1801.90	52573.60	1
6	河北	3508.00	6190.70	5666.50	4913.33	616.40	48996.10	1
7	四川	3498.40	6441.40	5431.10	5603.62	163.50	45208.00	1
8	安徽	2599.70	6642.50	5233.00	4012.51	138.40	42015.60	1
9	湖南	2136.70	4862.40	6136.90	4363.33	118.60	38546.90	2
10	内蒙古	1929.50	5757.80	4808.20	1753.26	59.60	36118.10	2
11	湖北	1467.70	4471.70	5813.60	3990.77	130.10	33744.00	2
12	辽宁	1447.60	3227.20	6621.10	3043.60	394.80	31816.60	2
13	江西	1365.10	3667.40	5799.90	2989.53	90.90	30308.40	2
14	云南	1299.90	4446.10	4339.80	3289.85	82.40	29388.60	2
15	广西	1467.70	2976.20	4931.70	3217.02	68.40	28707.70	2
16	新疆	1447.60	2289.10	6324.10	1804.03	83.90	28067.00	2
17	广东	1365.10	2500.10	5460.40	9144.96	1234.80	26575.00	1
18	山西	1299.90	3204.10	4056.70	2470.10	99.80	24836.00	2
19	陕西	1216.20	3045.30	3993.70	2741.02	113.00	22950.00	2
20	贵州	1178.50	3051.20	3862.50	2486.37	61.90	20912.50	2

图 9-9

9.3 系统聚类

系统聚类又称为层次聚类、分层聚类。层次聚类，顾名思义，就是按照一定的层次进行聚类，这是聚类分析中广泛使用的一种方法。有两种类型，一种是对研究对象即样本本身进行分类，称为Q型聚类，也叫样本聚类；另一种是对研究对象的观察指标即变量进行分类，称为R型聚类，也叫变量聚类。Q型聚类使具有相似特征的样本聚集在一起，差异性大的样本分离开来，目的是找到不同样本之间的共同特征；R型聚类使具有相似特征的变量聚集在一起，差异性大的变量分离开来，目的是整合出事物特征中有代表性的指标。层次聚类法的优点是，可以对变量或样品进行聚类，变量可以是连续变量，也可以是分类变量，提供的距离测量方法和结果表示方法也非常丰富。

9.3.1 系统聚类原理

根据聚类过程不同，系统聚类分为分解法和凝聚法。分解法就是开始把所有个体（观测量或变量）都视为一类，然后根据距离和相似性逐层分解，直到参与聚类的每个个体自成一类为止。凝聚法则是开始把参与聚类的每个个体（观测量或变量）视为一类，根据两类之间的距离或相似性逐步合并，直到合并为一个大类为止。

1. 系统聚类的分析方法

SPSS中的系统聚类法采用的是凝聚法，它的算法步骤如下。

首先，将数据各自作为一类（n个个体共有n类），按照所定义的距离计算各数据点之间的距离，形成一个距离阵。

其次，将距离最近的两个数据并为一类，从而成为n-1个类别，接着计算新产生的类别与其他各类别之间的距离或相似度，形成新的距离阵。

第三，按照和第二步相同的原则，再将距离最接近的两个类别合并，这时如果类的个数仍然大于1，则继续重复这一步骤，直到所有的数据都被合并成一个类别为止。整个聚类过程可绘制成聚类图。

可以看出，在系统聚类法中，当每个类别由多于一个的数据点构成时，就会涉及如何定义两个类间的距离的问题。不同的类间距离的定义方法，也会造成系统聚类分析的结果。

2. 系统聚类法的聚类方法

SPSS系统聚类的常用方法有如下7种。

- **最近邻元素法（Nearest Neighbor）**：用两个类别中各数据点之间的最短距离表示两个类别之间的距离。
- **最远邻元素法（Furthest Neighbor）**：用两个类别中各数据点之间的最长距离表示两个类别之间的距离。
- **组间链接法（Between Groups Linkage）**：又称为类平均法，是用两个类别间各数据点两两之间的距离的平均值表示两个类别之间的距离，这是 SPSS 默认的方法，它克服了前两种方法易受极端值影响的不足。
- **组内链接法（Within Groups Linkage）**：又称为类内平均法，是用所有类内和类间对的距离的平均值作为两个类之间的距离。
- **质心聚类法（Centroid Clustering）**：用两个类的重心之间的距离表示两个类别之间的距离。
- **中位数聚类法（Median Clustering）**：用两个类的中位数点之间的距离作为两个类之间的距离。
- **Ward 的方法（Ward's Method）**：该方法由Joe Ward首先提出，又称为离差平方和法，因为这一方法的思想直接来自方差分析，使各类内离差平方和较小，而类间的离差平方和较大，这样使小类内离差平方和增加最小的两类合并为一类。使用该方法，将倾向于使各个类别间的样本量尽可能相近。

尽管SPSS提供了很多聚类方法，但到底选择哪一种作为分析手段，要取决于所分析的数据的类型和分析目的。

▎9.3.2　系统聚类案例详解

系统聚类按分析对象可以分为对样本个案分析的Q型聚类和对变量分析的R型聚类。本例将使用Q型聚类举例分析。

"成绩统计"数据文件中记录了学生的语文、数学、历史、地理和化学等考试信息，下面利用系统聚类法对这些学生进行分类。

1. 具体过程

Step 01 打开"成绩统计"数据文件，执行"分析"|"分类"|"系统聚类"命令，如图9-9所示。

Step 02 打开"系统聚类分析"对话框。将左侧变量列表中的"语文""数学""历史""地理"和"化学"选入"变量"列表框，将"学号"选入"个案标注依据"列表框。"聚类"选项框内的"个案"和"变量"单选按钮分别对应"Q型聚类"和"R型聚类"。本例选中"个案"单选按钮，并勾选"显示"选项组内"统计"和"图"复选框，如图9-11所示。

图 9-10

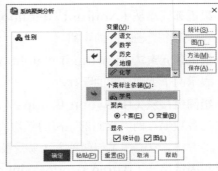

图 9-11

Step 03 单击"统计"按钮，打开"系统聚类分析：统计"对话框。勾选"集中计划"复选框，单击"继续"按钮返回上一级对话框，如图9-12所示。

Step 04 单击"图"按钮，打开"系统聚类分析：图"对话框，选择"谱系图"复选框，其他选项保持默认，单击"继续"按钮，返回上一级对话框，如图9-13所示。

Step 05 单击"方法"按钮，打开"系统聚类分析：方法"对话框，设置聚类方法。在该对话框中包含聚类方法和距离度量标准的选项，基于本例中变量的性质，此处保持系统默认选项，单击"继续"按钮，返回上一级对话框，如图9-14所示。最后单击"确定"按钮，输出分析结果。

图 9-12

图 9-13

图 9-14

2. 结果分析

（1）聚类过程

图9-15所示是本案例的聚类过程，显示聚类分析过程各个阶段及所聚类的集群。其中，第1列为聚类步骤数，本次聚类共进行了19步；第2列和第3列显示对应的步骤中哪些个体变量进行了合并，可以看出首先被合并的是距离最近的第11号和第19号成绩，然后依次进行距离较近的对象的合并；第4列系数显示被合并的两个对象之间的距离，随着聚类进程的发展，系数也变得越来越大，说明聚类样品或变量之间的差异也在加大，这种变化正好体现了聚类分析的基本原理。第5列和第6列的"首次出现聚类的阶段"显示参与聚类的是成绩还是小类（所谓小类，是在聚类过程中根据样本之间亲疏程度形成的中间类），0表示成绩，数字n(非零)表示第n步聚类产生的小类参与了本步聚类。最后一列"下一阶段"表示本步聚类结果下一次将在第几步与其他小类合并。

集中计划

阶段	组合聚类		系数	首次出现聚类的阶段		下一阶段
	聚类1	聚类2		聚类1	聚类2	
1	11	19	171.000	0	0	11
2	5	10	234.000	0	0	9
3	7	16	373.000	0	0	5
4	15	20	417.000	0	0	13
5	7	13	470.500	3	0	18
6	9	12	507.000	0	0	15
7	6	18	550.000	0	0	14
8	14	17	589.000	0	0	11
9	4	5	604.000	0	2	12
10	1	2	647.000	0	0	13
11	11	14	682.500	1	8	12
12	4	11	1357.833	9	11	14
13	1	15	1393.500	10	4	15
14	4	6	1479.143	12	7	16
15	1	9	1698.000	13	6	17
16	3	4	1751.111	0	14	18
17	1	8	2580.833	15	0	19
18	3	7	2743.467	16	5	19
19	1	3	2867.165	17	18	0

图 9-15

（2）冰柱图图形分析

图9-16所示为分析结果呈现的通过组间链接法聚类的各类之间的垂直冰柱图。图中的列表示各个案（包括个案名称和个案序号），行代表聚类的步数。两个个案之间有一个冰柱，其长短用以标示二者之间的相似性或距离的大小。例如，19（学号02987）和11（学号02002）之间冰柱显示为空白，说明二者距离最近，因此最先被聚为1类。接下来是10（学号02001）和5（学号02015）之间的冰柱最短，说明二者之间的距离非常近，因此在第2步被聚类，依此类推，直到聚类结束。从冰柱来看，第3号个案（学号02005）和第8号个案（学号02016）距离最远，差异最大。这一切信息从聚类过程表和聚类成员表中都可以得到证实。

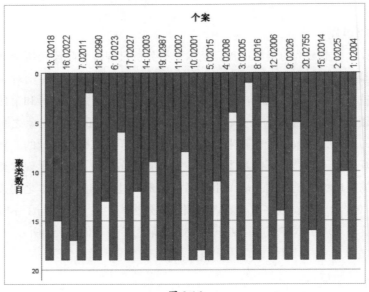

图 9-16

（3）谱系图图形分析

图9-17是直观反映聚类结果的谱系图，或称树状图。各个案之间的层次关系非常明确。从左到右观察可以发现，所有的个案被众多的聚类慢慢地聚成了一个大类。从左到右观察，可以看到11和9、5和10开始聚类，其他的没有聚类。接着11和19的类又和14聚为一类，这三者合并的类又和5、10、4聚类，依此类推，所有的个案最终被聚为一大类。

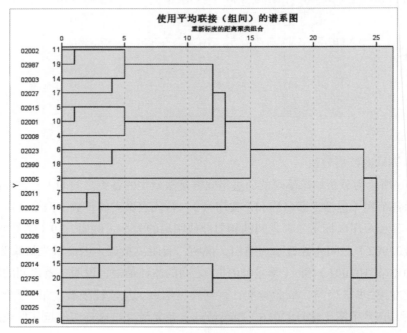

图 9-17

S 9.4 *K*-均值聚类

K-均值聚类法（*K*-Means Cluster）又叫快速聚类法或动态聚类法，是一种非分层聚类分析方法，适合于较大样本的样品的聚类分析，*K*-均值聚类法要求聚类指标为数值变量。

9.4.1 *K*-均值聚类原理

K-均值聚类法解决的问题是：假如有n个样品（个案），要分为k类，使得每一类内的元素都是聚合的，并且类与类之间还能很好地区别开。*K*-均值聚类法将n个样品看成k维空间上的n个数据点，以欧氏距离为标准进行聚类分析。*K*-均值聚类分析的基本步骤如下。

1. 指定聚类数目 k

由用户自行指定需要聚类的类别数，最终也只能输出唯一解。这点不同于层次聚类。在实际分析过程中，往往需要用户根据问题，反复尝试，把数据分成不同的类别数，并进行比较，从而找出最优方案。

2. 确定 k 个初始类中心

初始类中心有两种方式来确定：一种是自行指定，另一种是由SPSS程序根据数据本身结构的中心初步确定每个类别的原始中心点。

3. 根据距离最近原则进行分类

逐一计算每个样品数据点到各个类中心的欧氏距离，把各个样品按照距离最近的原则归入各个类别，并计算新形成类别的类中心。欧氏距离的计算公式为：

$$\text{EUCLID} = \sqrt{\sum_{i=1}^{k}(x_i - y_i)^2}$$

4. 重新归类

按照新的类中心位置，重新计算每个样品数据点到类中心的距离，并重新进行归类。

5. 完成聚类

重复第4步，直到达到一定的收敛标准，或者达到用户事先指定的迭代次数为止。因此，这种方法也称为逐步聚类分析，即先把被聚对象进行初始分类，然后逐步调整，得到最终分类。

和层次聚类法相比，快速聚类法的计算量非常小，适合较大样本的样品的聚类分析。但是，该方法的应用范围比较有限：要求用户事先知道需要将样品分为多少类，只能对样本进行聚类而不能对变量进行聚类，而且所使用的变量必须都是连续变量。另外，由于类别数是用户自行指定的，因此这样的分类结果是否合适需要方差检验。如果不同类别中大部分样本数据差异显著，说明分类有效，如果不同类别中的大部分数据检验差异不显著，就应该尝试定义其他类别数，再次进行聚类分析并检验。

9.4.2 *K*-均值聚类案例详解

本例仍使用"成绩统计"数据文件。某班级对20名考生的成绩进行分析，每门学科的满分均为100分，最低分为0分，下面根据语文、数学、历史、地理、化学5门学科的成绩将所有考生分为四类。

1. 具体过程

Step 01 打开"成绩统计"数据文件，执行菜单栏中的"分析"|"分类"|"*K*-均值聚类"命令，如图9-18所示。

图 9-18

Step 02 打开"*K*-均值聚类分析"对话框，将左侧变量列表中的"语文""数学""历史""地理""化学"选入"变量"列表框，将"学号"选入"个案标注依据"列表框，在"聚类数"文本框中输入4，表示将成绩分为4类，如图9-19所示。

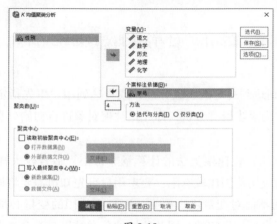

图 9-19

Step 03 单击"迭代"按钮，打开"*K*-均值聚类分析：迭代"对话框，将"最大迭代次数"修改为20，以便计算执行到分类稳定为止，如图9-20所示，单击"继续"按钮返回上一级对话框。

Step 04 单击"保存"按钮，打开"*K*-均值聚类：保存新变量"对话框，选择经过运算后存入原始数据的变量，勾选"聚类成员"和"与聚类中心的距离"复选框，随后单击"继续"按钮，返回上一级对话框，如图9-21所示。

Step 05 单击"选项"按钮，打开"*K*-均值聚类分析：选项"对话框，在"统计"选项组中勾选"初始聚类中心"和"ANOVA表"复选框，随后单击"继续"按钮，返回上一级对话框，如图9-22所示。最后单击"确定"按钮输出分析结果。

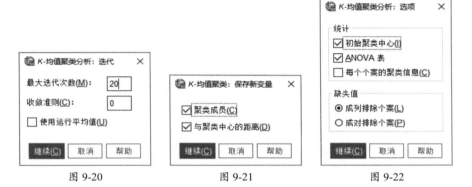

图 9-20　　　　　图 9-21　　　　　图 9-22

2. 结果分析

（1）聚类中心结果

图9-23给出了初始聚类中心数目。在所有结果中，首先给出的是初始的聚类中心，列出每个类别初始定义的中心点。在本例中，指定的聚类数为4，所以表中给出了4个初始类中心点。如果没有自定义初始聚类数，SPSS会按照距离最近原则从当前数据集中确定初始聚类中心。

初始聚类中心

	聚类			
	1	2	3	4
语文	57	76	96	45
数学	43	87	94	65
历史	45	63	88	75
地理	53	58	84	48
化学	48	52	99	69

图 9-23

（2）迭代历史记录表

图9-24是*K*-均值聚类分析的迭代历史记录。从输出结果可以看出，本次聚类分析只经过了2次迭代就实现了聚类，这说明事先指定的20次迭代是没有必要的。

迭代历史记录[a]

迭代	聚类中心中的变动			
	1	2	3	4
1	.000	20.371	19.482	13.560
2	.000	.000	.000	.000

a. 由于聚类中心中不存在变动或者仅有小幅变动，因此实现了收敛。任何中心的最大绝对坐标变动为 .000。当前迭代为 2。初始中心之间的最小距离为 44.475。

图 9-24

（3）最终聚类中心

图9-25给出了经过调整之后的最终聚类中心。可以看出图9-25中的结果和图9-23中的结果相比，最终聚类中心坐标（质心）变化并不是很大，说明在聚类分析过程中，初始聚类中心的坐标只是进行了较小的调整。

最终聚类中心

	聚类			
	1	2	3	4
语文	57	77	88	56
数学	43	81	84	67
历史	45	67	87	72
地理	53	70	90	53
化学	48	67	86	64

图 9-25

（4）方差分析结果

图9-26给出了方差分析结果，这实际上是对聚类分析后的所有自变量依次进行的单因素方差分析。从中可以看出哪些变量在各类间的差异具有统计学意义，用户可以根据 F 值的大小，近似地看出哪个变量在聚类分析中的作用更大。表中的每一行给出了相应变量的分析结果。以第四行为例，自变量是"地理"，其组间平均平方和为1528.122，组内平均平方和为62.677，F 统计量为24.381，显著性概率值为 $P<0.01$。综合这些数据，可以认为，所有考生分为4类后，在"地理"这一项上差异显著。"地理"可以作为对考生进行分类的依据。另外，从所有科目的显著水平上看，除了"数学"没有达到显著性外，其他的 P 值都小于显著性水平0.05，说明根据成绩将考生分为4类是可以接受的。

（5）个案数目

图9-27给出了各个分类中的个案数目。显然，第一类有1个考生，第二类有6个考生，第三类有9个考生，第四类有4个考生，全部样本共计20个有效个案，无缺失值。

ANOVA

	聚类		误差			
	均方	自由度	均方	自由度	F	显著性
语文	1084.122	3	95.677	16	11.331	<.001
数学	710.926	3	104.811	16	6.783	.004
历史	883.956	3	60.271	16	14.666	<.001
地理	1528.122	3	62.677	16	24.381	<.001
化学	855.131	3	75.488	16	11.328	<.001

由于已选择聚类以使不同聚类中个案之间的差异最大化，因此 F 检验只应该用于描述目的。实测显著性水平并未因此进行修正。所以无法解释为针对"聚类平均值相等"这一假设的检验。

图 9-26

每个聚类中的个案数目

聚类	1	1.000
	2	6.000
	3	9.000
	4	4.000
有效		20.000
缺失		.000

图 9-27

（6）类别划分

图9-28显示每位考生被划分为的类别，例如，第一行中学号为"02004"的考生为第1类，第二行中学号为"02025"的考生为第4类。

	学号	性别	语文	数学	历史	地理	化学	QCL_1	QCL_2
1	02004	男	57	43	45	53	48	1	.00000
2	02025	男	56	67	64	59	53	4	14.79442
3	02005	男	98	95	76	86	96	3	21.55584
4	02008	男	73	74	76	69	68	2	12.68748
5	02015	男	98	80	89	93	84	3	11.50309
6	02023	男	68	73	78	98	77	3	27.23333
7	02011	男	92	99	90	88	89	3	16.20319
8	02016	女	85	83	91	86	77	3	10.74393
9	02026	女	57	62	65	45	62	4	11.61357
10	02001	女	85	76	95	95	76	3	15.97181
11	02002	女	92	95	87	94	87	3	12.35534

图 9-28

Ⓢ 9.5 判别分析

在生活中，用户常常根据已有的一些研究结果来判断某种情况或现象的归类问题。例如，根据我国若干现有的经济指标，判断下一步的经济走向；根据某些病理特征，判断某个病人是否患有某种疾病；根据气象资料，判断未来天气状况；等等。这些问题都需要用统计学的判别分析加以解决。

9.5.1 判别分析原理

判别分析是在分类条件确定的前提下，根据某一研究对象的各种特征值来判断其类别归属的一种统计方法。判别分析最初是由费希尔（R. A. Fisher）于1936年在生物学上的植物分类中提出来的，称为Fisher判别分析（典型判别），它与20世纪50年代出现的Bayes（贝叶斯）判别分析成为最常用的判别分析方法。

判别分析与聚类分析同属多元分类统计方法。二者的区别在于：聚类分析在分析之前对研究对象及其分类一无所知，只能依据分析结果把研究对象按照相似性或距离的大小进行分类，而且类别数不确定，属于"无监督的分析方法"。而判别分析则是根据已有的分类数据提取出类的特征，总结判别规则，建立判别函数，并以此对新的、还没有分类的对象进行分类，因此属于"有监督的分析方法"。从这个意义上说，判别分析和聚类分析是两个相反的分类过程。在实际应用中，二者往往是相辅相成、协同使用的。

判别分析的因变量是定类或者定序变量，以此把样本划分为不同的组类，而自变量可以是任何尺度的变量，只是定性变量需要以虚拟变量的方式进入模型。判别分析的目的在于建立一种线性组合，用最优化的模型概括分类之间的差异。判别分析的方法很多，如常用的距离判别法、Fisher判别法、Bayes判别法及逐步判别法等，相对应的判别准则也很多，如马氏距离最小准则、Fisher准则、平均损失最小准则、最小平方准则、最大似然准则和最大概率准则等。

9.5.2　判别分析方法

SPSS中的判别分析分为一般判别分析和逐步判别分析两种方法。

1. 一般判别分析

一般判别分析是在已知分类的前提下，对未知分类的观测量进行判别，以使其归入已有分类的一种多元统计分析方法。其基本原理是：首先依据一定的判别准则建立一个或多个判别函数，然后通过已知所属分类的观测量确定判别函数中的待定系数，最后通过判别函数对未知分类的观测量进行归类。所谓判别函数就是基于一定的判别准则计算出的、用于衡量新样品与各已知组别接近程度的描述指标。常用的判别方法有距离判别法、Fisher判别法和Bayes判别法。

（1）距离判别法

距离判别法的基本思想是计算样本到各个总体中心（聚核）的位置，然后根据样本到所有聚核的距离，将样本分到离它最近的中心所在的类。

马氏距离公式为：

$$d^2(x,G) = (x-\mu)'\boldsymbol{\Sigma}^{-1}(x-\mu)$$

两总体的距离判别，判别规则为：

$$\begin{cases} x \in G_1, & \text{如} d^2(x,G_1) < d^2(x,G_2); \\ x \in G_2, & \text{如} d^2(x,G_2) < d^2(x,G_1); \\ \text{待判}, & \text{如} d^2(x,G_1) = d^2(x,G_2)。 \end{cases}$$

在方差相等的情况下，利用马氏距离能得到线性的判别函数：

$$W(x) = 2(\mu_1 - \mu_2)'\boldsymbol{\Sigma}^{-1}\left[x - \frac{\mu_1 + \mu_2}{2}\right] = \alpha'(x - \bar{\mu})$$

判别规则简化为：

$$\begin{cases} x \in G_2, & \text{如} W(x) < 0; \\ x \in G_1, & \text{如} W(x) > 0; \\ \text{待判}, & \text{如} W(x) = 0。 \end{cases}$$

如果是多分类，类方差相等的判别需要计算如下的统计量：

$$f_i(x) = x'\boldsymbol{\Sigma}^{-1}\mu_i - 0.5\mu_i'\boldsymbol{\Sigma}^{-1}\mu_i, i = 1, 2, \cdots, k$$

将样本分给$f_i(x)$取值最大的总体，式中μ_i、$\boldsymbol{\Sigma}$分别表示第i个分类的类均值和方差阵。如果是多分类，且类方差不相等，就要逐一计算距离，将样本判给距离最小的分类。

（2）Fisher判别法

Fisher判别法利用投影的方法使多维问题简化为一维问题后再处理，对总体的分布没有特定要求。其基本思想是：从两个总体中抽取具有p个指标的样本观测数据，借助方差分析的思想确定一个判别函数式$y = \alpha + t_1 x_1 + t_2 x_2 + \cdots + t_p x_p$，其中判别系数$t_1, \cdots, t_p$确定的原则是使组间区别最大，组内离差最小。将一个新样品的p个指标代入判别函数式中，取得y值，然后将其与判别临界值相比较，就可以判别该样品所归属的类别。

（3）Bayes判别法

Bayes判别法的基本思想是根据先验概率分布求后验概率分布，并依据后验概率分布做出统计判别。假设有总体$G_i (i = 1, 2, \cdots, k)$，设有$k$个总体$G_1, G_2, \cdots, G_k$，先验概率分别为$q_1, q_2, \cdots, q_k$，各总体的密度函数分别为$f_1(x), f_2(x), \cdots, f_k(x)$。即当样本$x_0$发生时，求$x_0$属于某类的概率。由贝叶斯公式计算后验概率：

$$P(G_i \mid x_0) = \frac{q_i f_i(x_0)}{\Sigma q_j f_j(x_0)}$$

判别准则为

$$P(G_l \mid x_0) = \frac{q_l f_l(x_0)}{\Sigma q_j f_j(x_0)} = \max_{1 \le i \le k} \frac{q_i f_i(x_0)}{\Sigma q_j f_j(x_0)}$$

简言之，就是将样本后验概率最大的进行分类。式中q_i、$f_i(x_0)$分别是第i个分类的先验概率和样本在第i个分类下总体的多元分布。如果$f_i(x_0)$为多元正态分布，根据推导，Bayes判别最终判别式为：

$$D_i = \ln q_i - \frac{1}{2}\ln |\boldsymbol{\Sigma}_i| - \frac{1}{2}(x - \overline{x}_i)'\boldsymbol{\Sigma}_i^{-1}(x - \overline{x}_i)$$

式中，$\overline{x}_i$、$\boldsymbol{\Sigma}$分别为第i个分类的类中心和方差阵。

三种判别方法各有优缺点：距离判别是最简单的判别法，但是很多软件没有专门提供距离判别法，应用受到限制；Fisher判别法对分类分布无要求，因此分布未知时可采用此判别法；而Bayes判别法要求各分类分布已知，因此只有在分布已知情况下才能使用。

2. 逐步判别分析

逐步判别分析分为两步，首先根据自变量和因变量之间的相关性对自变量进行筛选，然后使用选定的变量进行判别分析。逐步判别是在判别分析的基础上采用淘汰法，把判别能力强的变量指标引入判别式，同时将判别能力最差的指标剔除。最终在判别式中只保留数量不多但判别能力强的变量。变量指标对判别能力有无贡献可通过 F 检验获得。

3. 判别分析的假设前提

判别分析必须在满足以下假设前提时，才能获得理想的、可靠的分析结果。这些假设前提包括以下几种。

- 自变量和因变量之间符合线性关系假设。
- 因变量的取值事先确定而且独立。
- 自变量服从多元正态分布且彼此之间不存在多元共线性相关关系。
- 所有自变量在各组之间方差齐性假设成立，协方差矩阵相等。

当然，在实际的统计分析中，以上假设很难完全满足，可以通过增加样本量、使用不同的分析方法等途径使这些不利因素的影响尽量降低，以求获得最佳分析效果。

案例实战：全国第三产业普查分类

根据全国第三产业普查数据将省（自治区、直辖市）划分为3类，现有24个省（自治区、直辖市）已经分类，仍有6个省（自治区、直辖市）由于某种原因只记录了单位数、从业人员、固定资产和增加值信息，没获知其分类，如图9-29所示。下面使用判断分析法根据已有24个省（自治区、直辖市）的数据对剩余6个省（自治区、直辖市）进行分类。

	地区	单位数	从业人员	固定资产	增加值	分类	变量	变量	变量
4	内蒙	32.9	235.2	494.3	124.3	2			
5	吉林	41.7	286.9	580.7	153.9	2			
6	黑龙江	54.3	399.9	859.4	289.8	3			
7	上海	17.8	277.3	900.2	392.5	3			
8	江苏	138.6	687.9	963.7	599.2	3			
9	浙江	138.8	456.1	1381.9	444.0	3			
23	宁夏	7.6	43.5	84.3	27.8	2			
24	新疆	25.3	172.7	335.0	125.3	2			
25	河北	126.1	553.2	1625.5	407.1				
26	辽宁	82.8	570.2	1417.0	527.9				
27	安徽	100.9	452.8	1125.0	224.0				
28	河南	136.6	633.0	1551.5	336.5				
29	四川	204.0	798.6	1594.3	502.3				
30	西藏	3.6	19.9	46.8	16.8				

图 9-29

1. 具体过程

Step 01 打开"全国第三产业普查数据"数据文件，执行"分析"|"分类"|"判别式"命令，如图9-30所示。

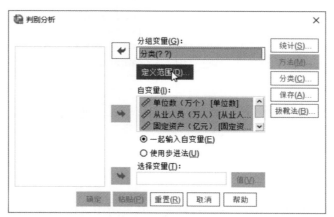

图 9-30

Step 02 打开"判别分析"对话框。将左侧列表框中的"分类"选入"分组变量"列表框，"分组变量"框中的变量必须为离散变量。将常用于构建判别函数的自变量选入"自变量"列表框中，随后单击"分组变量"下方的"定义范围"按钮，如图9-31所示。

图 9-31

Step 03 打开"判别分析：定义范围"对话框，输入"最小值"1，"最大值"3，代表类别的范围，该变量分成三个类别，因此输入1和3，随后单击"继续"按钮，如图9-32所示，返回上一级对话框。

Step 04 单击"统计"按钮，打开"判别分析：统计"对话框，在该对话框中可以选择需要的描述判别分析结果的统计量，此处勾选"函数系数"选项组中的"费希尔"和"未标准化"复选框，随后单击"继续"按钮，如图9-33所示，返回上一级对话框。

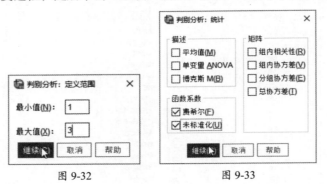

<table>
<tr><td>图 9-32</td><td>图 9-33</td></tr>
</table>

Step 05 单击"分类"按钮，打开"判别分析：分类"对话框，在"显示"选项组中勾选"摘要表"复选框，在"图"选项组中勾选"合并组"复选框，其他选项保持默认，单击"继续"按钮，返回上一级对话框，如图9-34所示。

Step 06 单击"保存"按钮，打开"判别分析：保存"对话框，勾选"预测组成员资格"和"判别得分"复选框，单击"继续"按钮，如图9-35所示，返回上一级对话框。最后单击"确定"按钮，输出判别分析的结果。

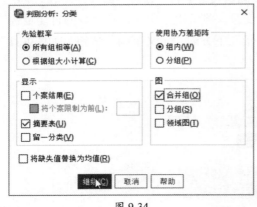

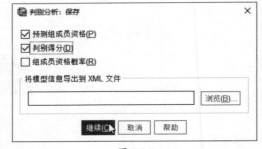

图 9-34　　　　　　　　　　　　　　　　　　图 9-35

2. 结果分析

（1）个案处理摘要

图9-36所示是案例分析的个案处理摘要。从摘要中可以看出，本案例共有个案30个，有效个案24个，占总体的80%，排除个案（即有缺失值的无效个案）6个，占20%。这6个未被处理的个案正是需要通过判别分析予以分类的个案。

（2）个案分组统计表

图9-37所示是案例中个案分组统计表。表中给出了3组分类的有效个案数和统计

值。从统计结果中可以看出三组分类在各个变量上的差异。

组统计

分类		有效个案数（成列）未加权	加权
1	单位数（万个）	2	2.000
	从业人员（万人）	2	2.000
	固定资产（亿元）	2	2.000
	增加值（亿元）	2	2.000
2	单位数（万个）	14	14.000
	从业人员（万人）	14	14.000
	固定资产（亿元）	14	14.000
	增加值（亿元）	14	14.000
3	单位数（万个）	8	8.000
	从业人员（万人）	8	8.000
	固定资产（亿元）	8	8.000
	增加值（亿元）	8	8.000
总计	单位数（万个）	24	24.000
	从业人员（万人）	24	24.000
	固定资产（亿元）	24	24.000
	增加值（亿元）	24	24.000

分析个案处理摘要

未加权个案数		个案数	百分比
有效		24	80.0
排除	缺失或超出范围组代码	6	20.0
	至少一个缺失判别变量	0	.0
	既包括缺失或超出范围组代码，也包括至少一个缺失判别变量	0	.0
	总计	6	20.0
总计		30	100.0

图 9-36

图 9-37

（3）特征值

图9-38所示是两个判别函数的特征值以及方差贡献情况等信息。其中第1个特征值为17.170，能够解释所有变异的99.3%，第2个特征值为0.126，能解释所有变异的0.7%。

（4）有效性检验

图9-39所示是判断函数的有效性检验，即利用威尔克的Lambda统计量测量各个判别函数有无统计学意义。第一个判别函数的$P<0.01$，小于0.05，说明在0.05水平上显著，第二个判别函数P值为0.510，大于0.05，说明在0.05水平上不显著。这个结果说明第二个函数的效用非常小，所以只用第一个函数便可以将个案所属类别判断出来。

特征值

函数	特征值	方差百分比	累积百分比	典型相关性
1	17.170[a]	99.3	99.3	.972
2	.126[a]	.7	100.0	.335

a. 在分析中使用了前 2 个典则判别函数。

图 9-38

威尔克 Lambda

函数检验	威尔克 Lambda	卡方	自由度	显著性
1 直至 2	.049	58.861	8	<.001
2	.888	2.316	3	.510

图 9-39

（5）标准化的典则判别函数系数

图9-40所示为标准化典则（规范）判别函数系数。图中的两个判别函数中各个变量的标准化系数，也就是线性判别函数中各原始变量的权重系数，正如在多元回归中的回归系数一样，判别函数可以表示为：

$$\begin{cases} g_1(x) = -0.316(x_1) - 0.120(x_2) + 1.075(x_3) + 0.290(x_4) \\ g_2(x) = -0.898(x_1) + 1.804(x_2) - 0.369(x_3) - 0.176(x_4) \end{cases}$$

标准化典则判别函数系数

	函数	
	1	2
单位数（万个）	-.316	-.898
从业人员（万人）	-.120	1.804
固定资产（亿元）	1.075	-.369
增加值（亿元）	.290	-.176

图 9-40

式中，x_1表示单位数；x_2表示从业人员；x_3表示固定资产；x_4表示增加值。

从标准系数方程中可以看出各判别函数主要受哪些变量的影响。例如，判别函数1受变量"固定资产"的影响较大，而判别函数2受变量"从业人员"的影响较大。

（6）典则判别函数系数

如果需要通过判别函数找到该个案在二维坐标上的取值，就需要用各变量的非标准化系数构建判别函数，如图9-41所示。此时的判别函数可以表达为：

$$\begin{cases} g_1(x) = -0.009(x_1) - 0.001(x_2) + 0.006(x_3) + 0.003(x_4) - 4.685 \\ g_2(x) = -0.026(x_1) + 0.016(x_2) - 0.002(x_3) - 0.002(x_4) - 1.329 \end{cases}$$

典则判别函数系数

	函数	
	1	2
单位数（万个）	-.009	-.026
从业人员（万人）	-.001	.016
固定资产（亿元）	.006	-.002
增加值（亿元）	.003	-.002
（常量）	-4.685	-1.329

未标准化系数

图 9-41

（7）典则判别函数

每个个案可以在两个判别函数上分别获得两个值，这两个值就可以当作该个案的坐标，每个个案在二维直角坐标上都可以标示出来，此时便可以判断出个案所属的类别。图9-42中有三个类别，这三个类别的质心（重心）在两个判别函数的取值如图9-43所示。第一个类别的质心值为（11.391，-0.511），第二个类别的质心值为（-2.454，-0.186），第三个类别的质心值为（1.447，0.453）。

（8）分类函数系数

如图9-44所示为分类函数系数，利用图中的数据可以直接写出Bayes判别函数，判别的类别变量有几类就有几个判别函数。

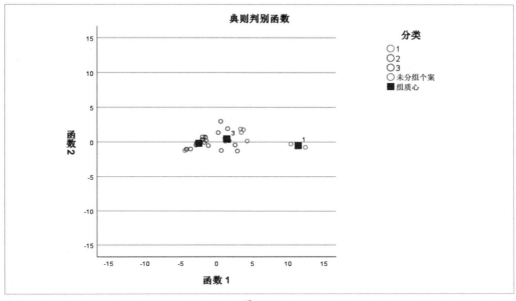

图 9-42

组质心处的函数		
分类	函数	
	1	2
1	11.391	-.511
2	-2.454	-.186
3	1.447	.453

按组平均值进行求值的未标准化典则判别函数

图 9-43

分类函数系数			
	分类		
	1	2	3
单位数（万个）	-.171	-.050	-.104
从业人员（万人）	-.003	.017	.023
固定资产（亿元）	.094	.012	.034
增加值（亿元）	.038	.001	.010
（常量）	-130.712	-4.303	-21.552

费希尔线性判别函数

图 9-44

（9）分类结果

图9-45所示是分类结果，从图中可以看出，本例系统的原始判断和最终判断是一致的。若原始数据中的分类与最终结果不一致，会在分类结果中体现其正确率和错判率，并在原始数据表中显示重新判定的结果。

			预测组成员信息			
		分类	1	2	3	总计
原始	计数	1	2	0	0	2
		2	0	14	0	14
		3	0	0	8	8
		未分组个案	0	1	5	6
	%	1	100.0	.0	.0	100.0
		2	.0	100.0	.0	100.0
		3	.0	.0	100.0	100.0
		未分组个案	.0	16.7	83.3	100.0

分类结果[a]

a. 正确地对 100.0% 个原始已分组个案进行了分类。

图 9-45

（10）其他变量分析

在原始数据中可以看到增加了Dis_1和Dis1_1两个新变量，如图9-46所示。Dis_1表示预测的个案所属类别，可以与数据中原有的分类进行对比。Dis1_1表示个案在两个标准化判别函数上的得分。新增加的6个省（自治区、直辖市）依次被判定了分类的数字。

	省（自治区、直辖市）	单位数	从业人员	固定资产	增加值	分类	Dis_1	Dis1_1
22	青海	7.0	44.5	96.9	29.3	2	2	-4.14516
23	宁夏	7.6	43.5	84.3	27.8	2	2	-4.22837
24	新疆	25.3	172.7	335.0	125.3	2	2	-2.78440
25	河北	126.1	553.2	1625.5	407.1	.	3	4.27442
26	辽宁	82.8	570.2	1417.0	527.9	.	3	3.74408
27	安徽	100.9	452.8	1125.0	224.0	.	3	1.16185
28	河南	136.6	633.0	1551.5	336.5	.	3	3.46650
29	四川	204.0	798.6	1594.3	502.3	.	3	3.35795
30	西藏	3.6	19.9	46.8	16.8	.	2	-4.41776

图 9-46

第 **10** 章
统计图形

SPSS程序会自动输出很多描述性统计表，但是这些统计量表对于初学者来说不易看懂，甚至会弄错事物之间的内在关联。因此，除了文字或表格外，还可以用统计图的方式对事物之间的各种内在关系进行呈现，而且更加直观，甚至更加美观。

统计图是用点的位置、线段的升降、条形的长短或面积的大小等方法表达统计资料的一种形式。其特点是简明生动、形象具体、通俗易懂。它可以把数据资料所反映的变化趋势、数量多少、分布状态和相互关系等形象直观地表现出来，便于阅读、比较和分析。

SPSS具有非常强大的统计图制作功能。不但可以绘制各种常用的统计图乃至复杂的3D视图，而且能够由制作者自定义颜色、线条、文字等，使图形丰富多彩、赏心悦目。

10.1.1　图表构建器

图表构建器的制图功能可以通过"图库"选项卡和"基本元素"选项卡两个途径实现。用户可以通过将"图库"中预定义的图表或"基本元素"中的图表构件（例如条形图）直接拖放到画布上来生成图表。

图表构建器由画布、轴系、图形元素、类别、变量列表和放置区几部分组成。图表构建器的右侧窗格中包括"元素属性""图表外观"以及"选项"三个选项卡，如图10-1所示。通过这些选项卡中的选项可对图表进行相应设置。

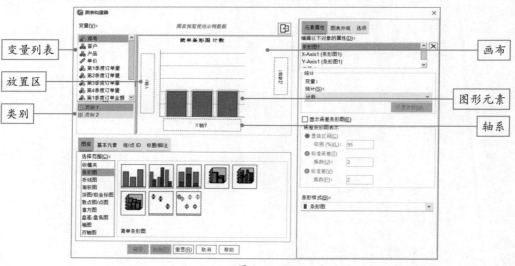

图 10-1

10.1.2　图形画板模板选择器

图形画板模板选择器最大的优势在于能够根据需要制作统计图的变量的个数和类型，自动提供一些合适的图形模板供制图者选择。模板选择器包含两个选项卡，用以选择可视化模板。这两个选项卡分别对应从模板创建可视化的两种不同方法。这些方法并不相互排斥，在创建图形时，可以在两个选项卡之间来回切换，如图10-2所示。

SPSS统计分析标准教程（实战微课版）

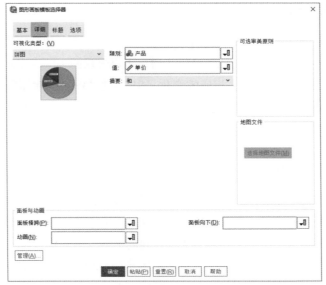

图 10-2

S 10.2　常用图表简介

统计分析中常用统计图类型及其使用范围如下。

- **条形图：** 描述定类或定序变量的分布，条形的高度表示变量不同取值下的频数。
- **折线图：** 描述连续变量的变化趋势，非连续变量通常不宜采用。
- **面积图：** 描述连续变量的分布，用面积表示变量在不同取值下的频数。
- **饼图及坐标图：** 描述定类变量的分布，圆中扇形面积的大小表示不同类别变量所占的频数。
- **盘高−盘低图：** 用于同时描述股(物)价等数据长期和短期的变化趋势。
- **箱图：** 显示变量的中位数、四分位数、极值以及数据的实际分布。
- **散点图/点图：** 直观反映两个或两个以上变量的汇聚大小及相互关系。
- **直方图：** 描述定距变量的分布。与条形图不同的是，直方图不是用条形的高度表示变量出现的频数，而是通过条形的面积来表示。

▌10.2.1　条形图

条形图是用长短不同的等宽条形来表示独立指标的数值大小的一种统计图，这些指标既可以是连续数据，也可以是分类变量的频数或比例，常用于定类或定序变量的分布比较。比较的指标一般按大小或字母顺序排列。SPSS的图库中共有8种类型的条形图：简单条形图、集群条形图、堆积条形图、简单3D条形图、集群3D条形图、堆积3D条形图、1D框图简单误差条形图和集群误差条形图。

10.2.2　折线图

折线图是用折线来描述某一变量的变化趋势，或某一变量随时间的变化而变化的过程。折线图适用于对连续数据的统计分析，通常用以表现两个因素之间的关系，即当一个因素变化时，另一因素也发生相应的变化。SPSS的"图表构建器"对话框提供了简单折线图和多重折线图两种折线图。简单折线图使用一条折线来表现一个事物的变化趋势；而多重折线图则使用多条折线来表现多种事物的变化趋势。

10.2.3　面积图

面积图与折线图本质相同，也是用来描述某一变量随时间或其他变量的变化而变化的过程。面积图通过面积的变化来反映连续变量的分布形态或变化趋势。从外观来看，面积图就是用不同的颜色来填充折线和X轴之间的区域。面积图根据所描述的变量的多少，分为简单面积图和堆积面积图。简单面积图是用面积表现一个变量的变化；堆积面积图用来表现多个变量的变化趋势，它们分别相当于简单折线图和多重折线图。

10.2.4　饼图

饼图和面积图一样，也是用面积来表现数据的变化，不同的是前者用来表现连续数据的变化趋势，而后者常用来表现离散数据占总体中的比例大小，同时也便于数据的比较。

10.2.5　散点图/点图

散点图/点图是以散点的分布来反映变量之间的相关关系的一种统计图，它适用于描述测量数据的原始分布状况，通过散点的位置和密度来判断观测值的高低、大小、变化的趋势或范围。与之前的几种统计图相比，散点图更适于较大的数据量，这样更容易反映变量之间的关系或数据的分布状况。SPSS的图表构建器提供了8种的散点图/点图类型：简单散点图、分组散点图、简单3D散点图、组3D散点图、摘要点图、简单点图、散点图矩阵和垂线图。

10.2.6　直方图

直方图是用无间隔的条形的长短表示连续型变量的数值分布的统计图，各直方的面积表示各组的频率，各直方面积的总和为总频率。直方图是最常用的统计图之一，其意义和面积图类似。SPSS的图表构建器提供简单直方图、堆积直方图、频率多边形图和总体锥形图（人口金字塔）4种直方图。

10.2.7　盘高-盘低图

　　盘高-盘低图既可以用来描述数据的最大值、最小值、最终值等分布状况，呈现数据的集中和离散趋势，也可以用来表现变量随时间的变化情况。盘高-盘低图常被用来描绘股票、外汇、投资、物价等的波动状况。SPSS的图表构建器提供高-低收盘图、简单全距条形图、集群全距条形图和差异面积图4种盘高-盘低图。

10.2.8　箱图

　　箱图又称为箱线图、盒须图，是一种描述连续数据分布状况的统计图，该图对于显示定距变量的分布情况并确定离群值的位置非常有用。通常使用定距变量的5个百分位点，即两个极端值（2.5%和97.5%，即最小值和最大值）、中位数（50%）、两个四分位数（25%和75%）来表现数据的分布形态。其中，两个四分位数（25%和75%）构成图形的箱体，2.5%和50%、97.5%和75%之间的连线构成箱体的两条须。箱图中，凡是与四分位数值的距离超过1.5倍四分位数间距的都被定义为奇异值，用"。"表示并标注位置；如果超过3倍则为极端异常值，用"*"表示并标注位置。SPSS的图表构建器提供了简单箱图、集群箱图和1D箱图3种箱图。

10.2.9　双轴图

　　使用双轴图可以汇总或绘制两个具有不同域的Y轴变量。例如，可以在一个轴上绘制个案数，在另一个轴上绘制平均薪水。此外，双Y轴图还可以混合不同的图形元素，以便涵盖多种不同的图表类型。该图表可以将计数显示为一条线，将每个类别的平均值显示为一个条。这样，不同度量单位或不同数量级的数据就可以同时显示在一张统计图中。SPSS的图表构建器提供两种双轴图的制作方式，包含分类X轴的双Y轴图和包含刻度X轴的双Y轴图。

Ⓢ 10.3　统计图的创建和编辑

　　下面以"食品全年销售统计"数据文件为例，介绍常用的条形图的创建及其编辑方法。

10.3.1　创建简单条形图

　　所谓简单条形图，就是用单个直条表示一个类别的观察指标的图形，一般横轴为分类轴，纵轴为计数轴。如果使用一组直条对多个观察指标进行对比就是集群条形图，适用于多个变量的比较，每组直条中各个变量用不同的颜色予以区分。堆积条形图的用法和集群条形图类似，也是用以描述多个变量的对比，只是将多个变量的取值堆放在一个直条上，并用不同的颜色对其所占比例予以划分。如果在简单条形图的基础上，再添加一个Z坐标轴，也就是再添加一个分类变量，就是3D条形图。误差条形图由带标记的线条组成，这些标记用于显示数据的统计信息。

Step 01 打开"食品安全全年销售统计"数据文件，执行"图形"|"图表构建器"命令，如图10-3所示。

Step 02 打开"图表构建器"对话框，此时对话框下方默认打开的是"图库"选项卡，从"选择范围"列表中选择"条形图"，条形图的类型共有8种，选择第一个图标"简单条形图"，将其拖入空白"画布"框内，如图10-4所示。

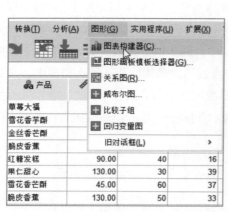

图 10-3   图 10-4

Step 03 选择"变量"列表中的变量"客户"，按住鼠标左键不放将其拖入X轴虚框内，此时"是否为X轴"将被该变量代替，同时"是否为Y轴"将变为"计数"，如图10-5所示。

Step 04 单击"确定"按钮，输出简单条形图，如图10-6所示。

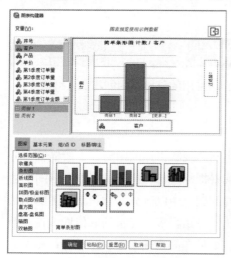

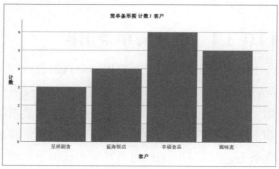

图 10-5   图 10-6

▌10.3.2 编辑条形图

在SPSS"查看器"窗口中双击输出的简单条形图,可以通过"图表编辑器"对统计图进行编辑,以增加信息或改变外观。

1. 添加数据标签

观察客户销量简单条形图会发现,从图表上只能大概看出不同客户的销量对比,无法获知准确的统计数据,下面为图表添加统计量显示。

Step 01 在"图表编辑器"中单击条形图的任意条形系列,所有条形系列全部被选中,执行"元素"|"显示数据标签"命令,如图10-7所示。

Step 02 此时,图表的条形系列上会自动显示计数统计,同时弹出"属性"对话框,通过"属性"对话框,可以对数据标签进行多种属性的设置和修改。此处在"不显示"列表框中选择"百分比"选项,单击"将变量移至内容"按钮,将其移至"显示"列表框,最后单击"应用"按钮,如图10-8所示。

图 10-7　　　　　　　　　　图 10-8

Step 03 条形图中随即显示计数和百分比数据标签,如图10-9所示。

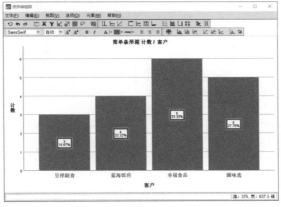

图 10-9

2. 设置图表颜色即边框样式

图表颜色和边框的设置有3种情况，即分别对直条、标签和背景三个组成部分进行颜色和边框的设置。

Step 01 在"属性"对话框中打开"填充与边框"选项卡，在"颜色"选项组中选择一个满意的填充色，如图10-10所示。

Step 02 在"边框样式"选项组中设置好边框的宽度和线条样式，最后单击"应用"按钮，如图10-11所示。

图 10-10　　　　　　　图 10-11

Step 03 图表随即显示所选颜色以及相应的边框效果，如图10-12所示。

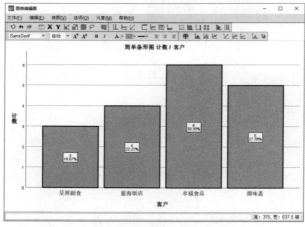

图 10-12

3. 更改图表类型

"图表编辑器"不仅可以添加标签数值，更改外观，还可以进行不同类型图表之间的转换。下面介绍具体操作方法。

Step 01 单击"属性"对话框中的"变量"选项卡，在该选项卡中单击"元素类型"
下拉按钮，从展开的列表中选择"饼图"选项，最后单击"应用"按钮，如图10-13所示。

Step 02 "查看器"窗口中的条形图将变换为饼图，如图10-14所示。

图 10-13

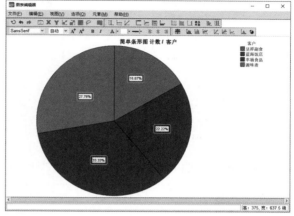

图 10-14

案例实战：创建益生菌活性测试线图

本案例以某种益生菌随着时间推移活性变化的统计数据为例，介绍如何
创建简单折线图。

Step 01 打开"时间对益生菌活性的影响"数据文件，执行"图形"|
"图表构建器"命令，如图10-15所示。

Step 02 打开"图表构建器"对话框。在"图库"选项卡中的"选择范围"列表框
中选择"折线图"选项，右侧方框显示两种折线图类型。选择简单折线图图标并将其拖
入空白画布，如图10-16所示。

图 10-15   图 10-16

Step 03 选择"变量"列表中的"培养天数"，将其拖入 X 轴虚框内，如图10-17所示。选择"益生菌活性"，将其拖入 Y 轴虚框内，如图10-18所示。

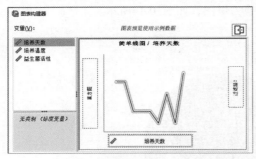
图 10-17

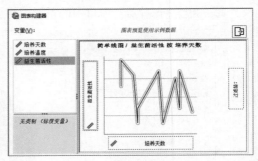
图 10-18

Step 04 单击"标题/脚注"选项卡，勾选"标题1"复选框，在对话框右侧"元素属性"选项卡中选中"定制"单选按钮，并在下方文本框中输入标题"益生菌活性趋势图"。最后单击"应用"按钮，如图10-19所示。

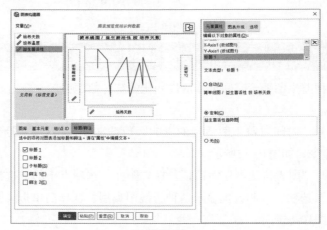
图 10-19

Step 05 随即输出名为"益生菌活性趋势图"的简单折线图，如图10-20所示。

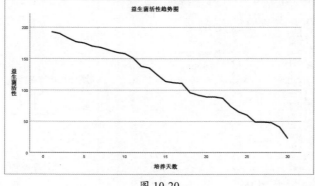
图 10-20

第11章
SPSS数据分析综合应用

前面已经对SPSS常用分析功能进行了详细介绍，并介绍了如何对输出后的分析结果进行解析。本章通过综合案例回顾所学知识。

11.1 SPSS在城市数据调查中的应用

人口状况往往能够反映一个国家的经济、社会乃至政治状况。现有世界各国人口状况调查数据一份，本例将对该数据进行二阶聚类分析，从人口状况的角度对这些国家进行分类（本案例所有国家用数字代替）。该数据资料包括各国的出生率、死亡率、平均寿命、识字率等项目，如表11-1所示。

	国家	男性平均寿命	女性平均寿命	识字率	人口增长率	婴儿死亡率	人口出生率	人口死亡率	生育率
1	1	67	73	99	1.8	27.7	24.0	5.5	2.40
2	2	50	52	35	2.9	112.0	45.0	16.0	5.81
3	3	45	44	29	2.8	168.0	53.0	22.0	6.90
4	4	53	53	35	2.4	106.0	35.0	11.0	4.70
5	5	67	69	78	1.1	52.0	21.0	7.0	1.84
6	6	65	72	97	2.1	53.0	30.0	7.0	3.73
7	7	61	65	77	1.6	68.0	24.0	9.0	2.80
8	8	57	58	35	2.8	101.0	42.0	10.0	6.43
9	9	69	76	99	.8	23.0	16.0	9.0	2.18
10	10	68	74	96	1.0	21.7	16.0	6.0	1.65
11	11	65	75	97	.1	20.7	12.0	13.0	1.82
12	12	68	75	98	1.4	27.0	23.0	6.0	3.19
13	13	58	59	52	1.9	79.0	29.0	10.0	4.48
14	14	66	72	99	.2	27.0	13.0	11.0	1.83
15	15	66	76	99	.3	19.0	13.0	11.0	1.88
16	16	65	68	60	3.7	67.0	44.0	7.0	6.71
17	17	68	77	99	.3	17.0	15.0	10.0	2.00
18	18	50	55	24	3.2	126.0	46.0	13.0	7.25

图 11-1

1. 具体操作

Step 01 打开"各国人口状况调查"数据文件，执行"分析"|"分类"|"二阶聚类"命令，如图11-2所示。

Step 02 打开"二阶聚类分析"对话框。选择列表框中的变量"国家"，单击 按钮，将其选入"分类变量"列表框；选择所有剩余变量，单击 按钮，将其选入"连续变量"列表框。随后在"聚类准则"选项组中选中"赤池信息准则"单选按钮，如图11-3所示。

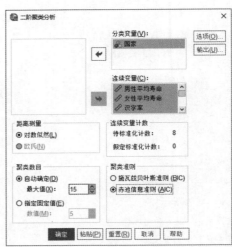

图 11-2

图 11-3

SPSS统计分析标准教程（实战微课版）

Step 03 单击"选项"按钮,打开"二阶聚类:选项"对话框,勾选"使用噪声处理"复选框,其他选项保持默认,单击"继续"按钮,返回上一级对话框,如图11-4所示。

Step 04 单击"输出"按钮,打开"二阶聚类:输出"对话框,在"输出"选项组中勾选"透视表"和"图表和表"复选框,在"工作数据文件"选项组中勾选"创建聚类成员变量"复选框,随后单击"继续"按钮,返回上一级对话框,如图11-5所示。最后单击"确定"按钮,输出案例分析结果。

图 11-4

图 11-5

2. 结果分析

(1)自动聚类

图11-6给出了二阶聚类过程中各类别数所对应的信息准则统计量AIC的数值。本例选择系统自动确定聚类数量,系统默认最大聚类数为15,因此表中列出了从最大聚类数15到将全部个案聚为一类所产生的AIC数值及其变化情况。AIC最小的数值所对应的聚类数为最优聚类数。从表中可以看出,当聚类数为2时,AIC最小。因此,系统自动确定2为最优聚类数。

(2)聚类分布表

图11-7所示为聚类分布表,给出了最终聚得的两个类别各自的个案数及所占组内比例。可以看出,第一类包括83个国家,占总体的76.1%;第二类包括26个国家,占全部个案的23.9%;全部个案共计109个。

自动聚类

聚类数目	赤池信息准则(AIC)	AIC 变化量[a]	AIC 变化比率[b]	距离测量比率[c]
1	1871.129			
2	1705.056	-166.073	1.000	1.950
3	1740.695	35.639	-.215	1.928
4	1878.530	137.835	-.830	1.539
5	2054.953	176.423	-1.062	1.327
6	2249.008	194.055	-1.168	1.053
7	2445.772	196.764	-1.185	1.131
8	2648.466	202.694	-1.221	1.407
9	2864.257	215.790	-1.299	1.189
10	3085.164	220.907	-1.330	1.019
11	3306.566	221.402	-1.333	1.025
12	3528.623	222.057	-1.337	1.174
13	3754.521	225.898	-1.360	1.049
14	3981.455	226.933	-1.366	1.190
15	4211.753	230.298	-1.387	1.078

a. 变化量基于表中的先前聚类数目。

b. 变化比率相对于双聚类解的变化。

c. 距离测量比率基于当前聚类数目而不是先前聚类数目。

图 11-6

聚类分布

		个案数	占组合的百分比	占总计的百分比
聚类	1	83	76.1%	76.1%
	2	26	23.9%	23.9%
	组合	109	100.0%	100.0%
总计		109		100.0%

图 11-7

（3）质心

图11-8所示给出了各个质心（各个自变量）在各类别中的平均值和标准偏差等信息。可以看出，两个类别在各个自变量上差异较大，例如，"男性平均寿命"在第一类中是69.17，在第二类中是51.35；"女性平均寿命"在第一类中是75.23，在第二类中是53.96。两者差异显著，说明将全部国家分为两类是合理可行的。其他各预测变量的解读类似。

质心

		男性平均寿命		女性平均寿命		识字率		人口增长率		婴儿死亡率		人口出生率		人口死亡率		生育率	
		平均值	标准偏差	平均值	标准偏差	平均值	标准偏差	平均值	标准偏差	平均值	标准偏差	平均值	标准偏差	平均值	标准偏差	平均值	标准偏差
聚类	1	69.17	4.545	75.23	4.689	89.05	11.892	1.347	1.1444	24.310	18.2943	20.706	8.6243	7.954	2.4279	2.7452	1.26693
	2	51.35	7.222	53.96	7.247	44.81	14.792	2.752	.5797	99.785	25.5967	42.577	6.1069	14.538	4.9253	6.1423	1.00673
	组合	64.92	9.273	70.16	10.572	78.50	22.733	1.682	1.1976	42.313	38.0792	25.923	12.3609	9.525	4.2472	3.5555	1.88914

图 11-8

（4）模型概要和聚类质量

图11-9所示包括"模型概要"和"聚类质量"两部分。"模型摘要"显示本案例的算法为两步聚类，输入变量数为9，即9个变量参与了聚类，最终聚类数为2，即系统自动确定的最优聚类数为两类。"聚类质量"通过不同的颜色表示聚类质量的等级。蓝色条带表示聚类质量达到的等级。值为0表示在正常情况下个案到其自身聚类中心与到最近的其他聚类中心是等距的。可以看出，该案例分析的结果是聚类质量良好，这说明该案例中系统自动确定聚类数为2是合理的。

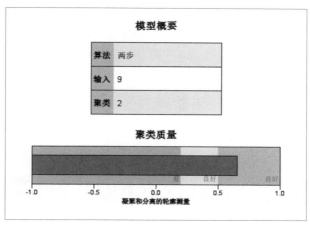

图 11-9

（5）模型查看器

双击"查看器"中的图表，打开"模型查看器"，如图11-10所示。"模型查看器"包含两个面板，主视图位于左侧，辅助视图位于右侧。主视图包括"模型摘要"和"聚类质量"两部分，单击左下角"查看"按钮可以进行选择；右侧的辅助视图给出了"聚类大小"的饼形图，从图中可以看出，所有个案分为两类，分别占总体的23.9%和76.1%；大小的比率是3.19。

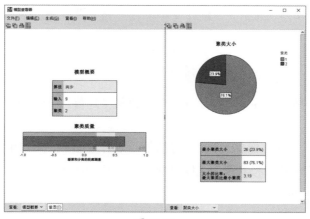

图 11-10

（6）二阶聚类分析

从图11-11所示的二阶聚类分析所生成的类别变量"TSC_3339"可以查看不同国家的具体分类。

	国家	男性平均寿命	女性平均寿命	识字率	人口增长率	婴儿死亡率	人口出生率	人口死亡率	生育率	TSC_3339
1	1	67	73	99	1.8	27.7	24.0	5.5	2.40	1
2	2	50	52	35	2.9	112.0	45.0	16.0	5.81	2
3	3	45	44	29	2.8	168.0	53.0	22.0	6.90	2
4	4	53	53	35	2.4	106.0	35.0	11.0	4.70	2
5	5	67	69	78	1.1	52.0	21.0	7.0	1.84	1
6	6	65	72	97	2.1	53.0	30.0	7.0	3.73	1
7	7	61	65	77	1.6	68.0	24.0	9.0	2.80	1
8	8	57	58	35	2.8	101.0	42.0	10.0	6.43	2
9	9	69	76	99	.8	23.0	16.0	9.0	2.18	1
10	10	68	74	96	1.0	21.7	16.0	6.0	1.65	1
11	11	65	75	97	.1	20.7	12.0	13.0	1.82	1
12	12	68	75	98	1.4	27.0	23.0	6.0	3.19	1
13	13	58	59	52	1.9	79.0	29.0	10.0	4.48	2
14	14	64	74	99	.2	27.0	13.0	11.0	1.83	1
15	15	66	76	99	.3	19.0	13.0	11.0	1.88	1
16	16	65	68	60	3.7	67.0	44.0	7.0	6.71	2
17	17	68	77	99	.3	17.0	15.0	10.0	2.00	1
18	18	54	55	24	3.2	126.0	46.0	13.0	7.25	2

图 11-11

11.2 SPSS在教育领域的应用

SPSS在教育领域中有着十分广泛的应用，本案例通过配对样本t检验来分析某班期中和期末数学考试的变化的显著程度，如图11-12所示。

	学号	性别	期中数学	期末数学	变量
1	22001	男	62	72	
2	22002	男	63	65	
3	22003	男	66	54	
4	22004	男	67	71	
5	22005	男	69	67	
6	22006	男	73	80	
7	22007	男	74	74	
8	22008	男	78	78	
9	22009	男	79	83	
10	22010	男	81	86	

图 11-12

1. 具体过程

Step 01 打开数据文件，执行"分析"|"比较平均值"|"成对样本t检验"命令，如图11-13所示。

Step 02 打开"成对样本t检验"对话框。选择变量列表框中的"期中数学"和"期末数学"，单击按钮将其选入"成对变量"列表框中的"变量1"和"变量2"下的列表框内，如图11-14所示。

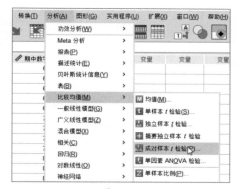

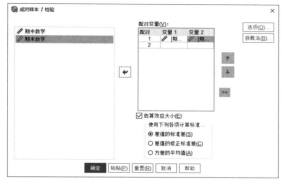

图 11-13 图 11-14

Step 03 单击"选项"按钮，打开"配对样本 t 检验：选项"对话框，设置"置信区间百分比"和"缺失值"。单击"继续"按钮，如图11-15所示。返回上一级对话框，单击"确定"按钮，输出案例分析结果。

图 11-15

2. 结果分析

（1）成对样本统计

图11-16所示是成对样本统计表，该表呈现了本次分析的描述性统计量，包括均值、个案数（N）、标准差和标准误差平均值。本次分析的样本容量为80，其中数学的均值为78.71，标准差为10.617，标准误差平均值为1.187；期末数学的平均值为79.83，标准差为10.833，标准误差平均值为1.211。

成对样本统计

		均值	N	标准差	标准误差平均值
配对 1	期中数学	78.71	80	10.617	1.187
	期末数学	79.83	80	10.833	1.211

图 11-16

（2）成对样本相关性

图11-17所示是成对样本相关性检验结果报表。对成对样本进行相关性检验是进行 t 检验的前提检验，目的是为了确定两成对样本的相关关系。从表中可以看出，两个学期

的数学考试成绩相关系数为0.862，显著性概率$P<0.001$，表明两配对变量显著相关，符合成对样本t检验的前提条件。

成对样本相关性				
			显著性	
	N	相关性	单侧 P	双侧 P
配对1 期中数学 & 期末数学	80	.862	<.001	<.001

图 11-17

（3）成对样本效应大小

图11-18所示是成对样本效应大小的结果报表。由于$P>0.05$，故此接受虚无假设，即期中数学考试和期末数学考试的成绩差异不显著。而且由于平均值为负，说明期末数学考试较期中数学考试成绩有所提高，但提高的幅度不够显著。

成对样本效应大小					
				95% 置信区间	
		标准化量ª	点估算	下限	上限
配对1 期中数学 - 期末数学	Cohen d	5.641	-.197	-.418	.025
	Hedges 修正	5.668	-.196	-.416	.025

a. 估算效应大小时使用的分母。
　Cohen d 使用平均值差值样本标准差。
　Hedges 修正使用平均值差值样本标准差，加上修正因子。

图 11-18

11.3 SPSS在市场营销行业的应用

某汽车销售公司对一年来该公司的汽车销售情况做了一个调查，整理获得一份数据文件，如图11-19所示。希望以此了解购车者的如年龄、学历、婚姻状况及收入状况等因素及其交互效应是否影响对汽车价格的选择。

	汽车价格	年龄	性别	年收入	受教育水平	婚姻状况	年龄组
1	37.20	45	0	4	3	1	3
2	19.80	42	0	2	3	0	3
3	11.80	28	0	1	4	0	1
4	21.30	31	1	2	4	1	2
5	68.90	42	1	4	3	0	3
6	34.10	35	0	3	3	0	2
7	18.60	21	0	2	3	1	1
8	8.50	39	0	1	4	1	2
9	16.30	39	0	2	3	1	2
10	68.40	49	1	4	2	0	3
11	10.00	34	1	1	3	0	2
12	11.40	47	0	1	3	1	3
13	29.70	58	0	3	4	0	4
14	10.50	30	0	1	4	1	1

图 11-19

1. 具体过程

Step 01 打开"汽车销售分析"数据文件，执行"分析"|"一般线性模型"|"方差成分"命令，如图11-20所示。

Step 02 打开"方差成分"对话框。将变量"汽车价格"选入"因变量"列表框；将"受教育水平"和"婚姻状况"选入"固定因子"列表框；将"年龄组"选入"随机因子"列表框；将"年收入"选入"协变量"列表框，如图11-21所示。

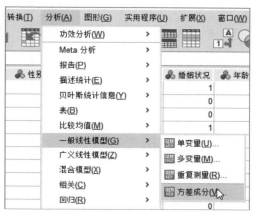

图 11-20

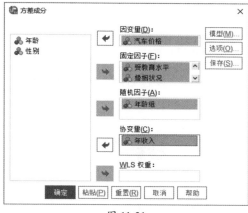

图 11-21

Step 03 单击"模型"按钮，打开"方差成分：模型"对话框，系统默认选中"全因子"单选按钮，取消勾选"在模型中包括截距"复选框，单击"继续"按钮，如图11-22所示。返回"方差成分"对话框。

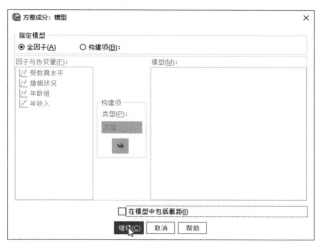

图 11-22

Step 04 单击"选项"按钮，打开"方差成分：选项"对话框，选中"最大似然"单选按钮，设置完毕后单击"继续"按钮，如图11-23所示。返回"方差成分"对话框。

Step 05 单击"保存"按钮，打开"方差成分：保存"对话框。该对话框包括"方差成分估算"和"成分共变"两个复选框。本案例无须保存分析结果，故不做选择。单击"继续"按钮，如图11-24所示。返回"方差成分"对话框，最后单击"确定"按钮输出分析结果。

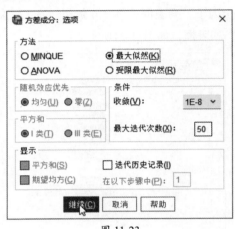

图 11-23

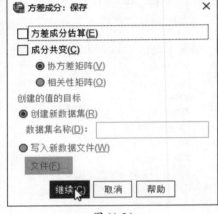

图 11-24

2. 结果分析

（1）因子级别信息

图11-25给出了方差成分分析的因子级别信息。本次分析共有三个因子，分别有5个、5个和2个水平。

因子级别信息

		个案数	值标签
年龄组	1	599	
	2	906	
	3	804	
	4	502	
	5	276	
受教育水平	1	680	高中以下
	2	952	高中
	3	643	专科
	4	636	大学
	5	176	研究生
婚姻状况	0	1543	未婚
	1	1544	已婚

因变量：汽车价格

图 11-25

（2）方差估算值

图11-26所示是方差估算值。从输出结果可以看出，"年龄组"的方差最大，为5.609，说明其对汽车价格的效应最大；"年龄组*受教育水平"交互效应方差估算值为0.811，表

明该交互效应对因变量影响较小；而第三、四组交互效应方差估算值为0.000，为冗余项，两组无交互作用。

方差估算值

成分	估算
Var(年龄组)	5.609
Var(年龄组 * 受教育水平)	.811
Var(年龄组 * 婚姻状况)	.000ᵃ
Var(年龄组 * 受教育水平 * 婚姻状况)	.000ᵃ
变量（误差）	101.454

因变量：汽车价格
方法：最大似然估算
a. 此估算值冗余，因此设置为零。

图 11-26

（3）渐进协方差矩阵

图11-27所示是渐进协方差矩阵，主对角线上是各因素的均方，依然是"年龄组"的均方最大，为14.359，进一步证明了图11-26中的方差估算值的结论。

渐进协方差矩阵

	Var(年龄组)	Var(年龄组 * 受教育水平)	Var(年龄组 * 婚姻状况)	Var(年龄组 * 受教育水平 * 婚姻状况)	变量（误差）
Var(年龄组)	14.359	-.066	.000	.000	-.001
Var(年龄组 * 受教育水平)	-.066	.298	.000	.000	-.053
Var(年龄组 * 婚姻状况)	.000	.000	.000	.000	.000
Var(年龄组 * 受教育水平 * 婚姻状况)	.000	.000	.000	.000	.000
变量（误差）	-.001	-.053	.000	.000	6.718

因变量：汽车价格
方法：最大似然估算

图 11-27

读书笔记